KB273743

신용협동조합 징계 소송

신용협동조합 징계 소송

이 도서의 국립중앙도서관 출판예정도서목록(CIP)은 서지정보유통지원시스템
홈페이지(http://seoji.nl.go.kr)와 국가자료종합목록시스템
(http://www.nl.go.kr/kolisnet)에서 이용하실 수 있습니다.
(CIP제어번호 : CIP2019006863)

도서출판 **문화의힘**

신용협동조합 징계 소송

− 사례를 중심으로 −

김 연 준 著

도서출판 **문화의힘**

  저자는 신용협동조합중앙회에 전문직으로 다년간 신용협동조합과 관련된 많은 법률적 자문, 소송을 수행하여 왔습니다. 특히 신용협동조합중앙회는 각 단위 신용협동조합을 감독하고 지도하는 업무를 행하는데 그와 관련된 다수의 징계 처분 요구 관련 소송 및 자문을 최선을 다해 임하여 주었습니다. 이러한 헌신의 소산으로서 본 서적이 출간된 것은 어찌 보면 당연하다고 여겨집니다. 본 서적은 신용협동조합중앙회뿐 아니라 각 단위 신용협동조합이 징계 관련 업무를 수행함에 있어 이정표가 될 것이며 이를 잘 활용하고 적용한다면 보다 건전한 금융 환경을 조성하는 데 이바지 할 것이라고 믿습니다. 본 서적을 시금석으로 하여 법률적 지식과 경험을 바탕으로 좀 더 든든한 금융으로서 신용협동조합중앙회와 신용협동조합을 만드는 데 이바지하여 주시길 바랍니다.

2019년 2월
신용협동조합중앙회 회장 김윤식

　서울 서초동에서 개인변호사 사무소를 운영하던 중 미국으로 유학을 가게 되었습니다. 귀국 후 세종으로 거처를 옮겨 그동안의 경험과 실무지식을 바탕으로 변화하는 시대에 대처하기 위하여 새로운 전문적 분야의 변호사가 되고자 연구개발특구진흥재단, 한국기계전기전자시험연구원, 소상공인시장진흥공단, 그리고 신용협동조합중앙회에서 소송 및 자문 업무를 행하였습니다.

　각 기관의 고유한 법률적 자문 및 소송을 행하던 중 최선을 다해 성심성의껏 헌신하여 법률적 조력을 행한다고 하더라도 결과물이 존재하지 않는다면 그 동안의 수고가 남지 않는다는 것을 깨닫고 신용협동조합중앙회에서 소송 및 자문을 수행할 때마다 조금씩 관련 법률적 사안을 정리하여 두었는데 어느덧 시간이 흘러 하나의 책이 될 정도가 되어 출판을 결심하게 되었습니다.

　신용협동조합 징계사건은 신용협동조합중앙회와 신용협동조합 간의 관계, 신용협동조합중앙회의 징계조치 요구 및 이로 인한 신용협동조합의 징계 의결, 금융기관 및 조합의 특성 등의 고유한 법리를 파악해야 사건을 명확하게 해결할 수 있습니다.

조합과 관련된 징계 소송 및 자문뿐만 아니라 노동위원회 공익위원으로 위촉됨을 기화로 다양한 사건을 다루며 신용협동조합 징계 관련 법리뿐 아니라 사건을 대하는 새로운 안목을 갖게 된 것이 본 서적을 기술하는 데 큰 밑거름이 되었습니다.

본 서적은 신용협동조합 및 유사금융기관에서의 징계 사안에 관한 민사 형사, 심판 사안 해결에 필요한 법률적 지식을 습득할 뿐 아니라 간접적으로 사건을 처리한 듯한 효과를 얻도록 조력할 수 있을 것이며 불필요한 소송 심판 청구 등을 남발하는 것을 방지하고 더 나아가 징계조치를 좀 더 절차적 실체적으로 관련 규정에 부합하게 행하는데 도움이 될 것입니다.

이 책을 출간함에 있어 사건번호를 구체적으로 명시하면 사건을 검색하여 징계를 당한 자를 특정할 수 있으므로 이를 방지하기 위하여 부득이하게 사건번호를 특정하지 않았습니다. 모든 사안은 실제 소송 심판을 근거로 정리를 한 것이므로 이해가 편하도록 그리고 사건을 특정하여 손해가 발생하지 않도록 극도의 세

부적인 사안을 변형한 것도 있으나 대체적인 내용은 판결과 판정을 토대로 구성되어 있습니다.

이 책이 나오기까지 주위에서 수고하며 도움을 주신 분들이 많이 계십니다. 신협중앙회 김윤식 회장님과 임직원 분들, 충남지방노동위원회 이정한 위원장님과 임직원 분들, 사법연수원에서 지도해 주신 최종한 판사님, 임채원 검사님, 강성국 변호사님, 정연복 변호사님께 이 자리를 빌어 감사의 말씀을 드립니다. 특히 법조인이 되기까지 지원을 아끼지 않은 부모님과 공무원으로서 묵묵하게 공인의 업무를 수행하며 응원해 준 아내와 바쁨을 핑계로 많은 시간을 함께하지 못하였어도 잘 자라 준 두 딸에게 고마움을 표하며, 본 서적이 미약하게나마 하나님의 나라를 이루는 데 도움이 되길 기도드립니다.

2019년 2월
변호사 김연준

■ 추천사 | 김윤식(신용협동조합중앙회 회장)

■ 발간사

제1장 가처분사건

이사 감사 직무집행정지 가처분 ···················· 15
효력정지 가처분 ···················· 17
직무집행정지 가처분 ···················· 20
임시지위보전 및 선거절차진행금지 가처분 ················ 22
임시의 지위를 정하는 가처분 ···················· 24
직무정지효력정지 가처분 ···················· 26
조합원 효력정지 가처분 ···················· 29
징계결의 효력정지 가처분 ···················· 32
이사장 직무집행정지 가처분 ···················· 34
징계조치요구 효력정지 가처분 ···················· 36
임원개선조치 등 효력정지 가처분 ···················· 39

제2장 민사사건

징계 절차 하자 ···················· 45

사고조치 미흡 및 내부감독 소홀 ············ 47

내부통제업무 및 감독 소홀 ············· 50

후순위대출 부적 및 사적금전대차 ········· 52

계약사무관리 부적 ················· 54

개인정보처리업무 불철저 등 ··········· 57

임시이사장 해임 ·················· 59

징계시효 ······················ 61

대출금 사후관리 부적 등 감독 소홀 ········· 64

사직합의 및 즉시면직 ··············· 66

출자금 임의입금 ·················· 68

타인명의 대출 취급 ················ 72

경영개선계획 양해각서 ·············· 76

징계요구처분 취소 행정소송 ··········· 79

징계위원 제척 ··················· 81

변상금 ······················· 84

변상금 이외의 손해배상 ············· 86

징계사유 제외 ··················· 88

담보대출취급 부적 ················ 91

제3장 형사사건

자격모용에 의한 사문서 작성 및 행사 등 ····················· 97

개인정보보호법 위반 ······························· 99

업무상 횡령 ································· 101

정보통신망법 위반(명예훼손) ····················· 103

특경법 횡령, 사문서 위조 ····················· 105

업무방해, 신용협동조합법 위반 ····················· 107

명예훼손 ··································· 109

업무상 배임, 신용협동조합법 위반 ····················· 111

부동산실명법, 사금융 알선 ····················· 113

특경법 배임 ····························· 115

신용협동조합법 위반(선거이익 제공) ····················· 117

신용협동조합법 위반(선거운동 금지) ····················· 119

업무상 횡령 ····························· 123

직업안정법 위반 ························· 125

특경법 수재 ··························· 127

성폭력, 배임수재 ····················· 129

업무상 횡령 ····················· 131

신용협동조합법 위반(물품 제공) ····················· 133

제4장 판정사건

대기발령(인정) ··· 137

창구 전보 발령 ··· 139

경영상 해고 ··· 142

감봉(징계사유 부존재) ··· 145

징계면직(양형 과다) ··· 148

정직 및 변상(인정) ·· 150

정직 및 변상(부정) ·· 152

감봉 및 직권면직, 대기발령 ·· 155

징계면직(양형 적정) ··· 157

지점 전보 발령 ··· 159

중앙회와 조합의 징계 양정 ··· 162

징계 사전 및 사후 통지 ··· 165

대출 부적 ··· 168

경비부당집행 ··· 171

사직서 제출 ··· 174

가중한 징계 의결 ··· 176

대기발령(기각) ··· 179

징계양정 ··· 182

■ 부록

로자에게 교부하여야 ... 25>

제18조(단시간근로자의 근로조건) ① 단시간근
로자의 근로조건은 그 사업장의 같은 종류
의 업무에 종사하는 통상 근로자의 근로시
간을 기준으로 산정한 비율에 따라 결정되
어야 한다.
② 제1항에 따라 근로조건을 결정할 때에
기준이 되는 사항이나 그 밖에 필요한 사항
은 대통령령으로 정한다.
③ 4주 동안(4주 미만으로 근로하는 경우에
는 그 기간)을 평균하여 1주 동안의 소정근
로시간이 15시간 미만인 근로자에 대하여는
제55조와 제60조를 적용하지 아니한다. <개
정 2008·3·21>

제19조(근로조건의 위반) ① 제17조에 따라 명
시된 근로조건이 사실과 다를 경우에 근로
자는 근로조건 위반을 이유로 손해의 배상
을 청구할 수 있으며 즉시 근로계약을 해제
할 수 있다.
② 제1항에 따라 근로자가 손해배상을 청
... 이원회에 신청할 수 있...

제23조(해고 등의 제한) ① 사용자...
게 정당한 이유 없이 해고, 휴...
직, 감봉, 그 밖의 징벌(以下 "...
고등"이라 한다)을 하지 못한...
② 사용자는 근로자가 업무...
병의 요양을 위하여 휴업...
30일 동안 또는 산전(産...
여성이 이 법에 따라 휴...
30일 동안은 해고하지 못...
가 제84조에 따라 일시...
또는 사업을 계속할...
그러하지 아니하다.

제24조(경영상 이유에...
사용자가 경영상...
해고하려면 긴박한...
한다. 이 경우 경...
사업의 양도·인...
의 필요가 있는...
② 제1항의 경...
기 위한 노력...

제1장

가처분사건

로자에게 ... <25>

제18조(단시간근로자의 근로조건) ① 단시간근로자의 근로조건은 그 사업장의 같은 종류의 업무에 종사하는 통상 근로자의 근로시간을 기준으로 산정한 비율에 따라 결정되어야 한다.

② 제1항에 따라 근로조건을 결정할 때에 기준이 되는 사항이나 그 밖에 필요한 사항은 대통령령으로 정한다.

③ 4주 동안(4주 미만으로 근로하는 경우에는 그 기간)을 평균하여 1주 동안의 소정근로시간이 15시간 미만인 근로자에 대하여는 제55조와 제60조를 적용하지 아니한다. <개정 2008·3·21>

제19조(근로조건의 위반) ① 제17조에 따라 명시된 근로조건이 사실과 다를 경우에 근로자는 근로조건 위반을 이유로 손해의 배상을 청구할 수 있으며 즉시 근로계약을 해제할 수 있다.

② 제1항에 따라 근로자가 손해배상을 청구할 경우에는 노동위원회에 신청할 수 있으며, 근로계약이 해제되었을 경우에는 사용자는 취업을 목적으로 거주를 변경하는 근로자에게 귀향 여비를 지급하여야 한다.

제20조(위약 예정의 금지) 사용자는 근로계약 불이행에 대한 위약금 또는 손해배상액을 예정하는 계약을 체결하지 못한다.

제21조(전차금 상계의 금지) 사용자는 전차금(前借金)이나 그 밖에 근로할 것을 조건으로 하는 전대(前貸)채권과 임금을 상계하지

제23조(해고 등의 제한) ① 사용자는 게 정당한 이유 없이 해고, 직, 감봉, 그 밖의 징벌(懲罰) 고등"이라 한다)을 하지 못한

② 사용자는 근로자가 업무 병의 요양을 위하여 휴업 30일 동안 또는 산전(産 여성이 이 법에 따라 휴 30일 동안은 해고하지 가 제84조에 따라 일시 또는 사업을 계속할 그러하지 아니하다.

제24조(경영상 이유에 사용자가 경영상 해고하려면 긴박한 한다. 이 경우 경 사업의 양도·인 의 필요가 있는

② 제1항의 기 위한 노력 공정한 해고 대상자를 선 성을 이유로

③ 사용자 위한 방법 사업 또는 직된 노 합(근로 없는 자를

이사 감사 직무집행정지 가처분

〈서울중앙지방법원 2018카합○○○○○

직무집행정지 가처분 신청인 甲, 피신청인 乙, 丙 〉

1. A신협에서의 의결

A신협은 2018년 2월 이사회를 개최하여 乙을 상임이사 후보자로 丙을 상임감사 후보자로 선출하고 이에 대한 승인의 건을 정기총회의 안건으로 부의하여 정기총회를 개최하고 이 안건에 대한 결의 절차를 진행하였는데 반대의견을 청취하고서 출석조합원들에게 거수의 방법으로 반대 및 찬성의 의사를 물은 다음 다수의 찬성에 의해 乙을 상임이사로 丙을 상임감사로 선임되었다고 선포하였다.

2. 가처분 결정 : 인용

정관 제34조 제1항에 의한 의결정족수 즉 출석조합원 과반수의 찬성이 있었는지 여부에 관하여 참석한 조합원의 수를 확인하여야 하나 의사록에는 조합원의 수가 구체적으로 기재되어 있지 않았으며 당시 상황을 녹화한 동영상에 의하더라도 찬성과 반대에 거수하지 않은 조합원이 다수 확인되어 적절한 집계절차를 거치지 않은 채 대다수 조합원이 찬성하였다고 보아 가결을 선포하였는데 기권한 조합원을 포함한 출석조합원 과반수에 이른다고 단정할 수 없고 서명날인의 확인서는 사후에 작성된 것으로서 절차상 실체상의 하자가 치유되었다고 보기도 어려워 피보전권리에 대한 소명이 있으며 채무자의 임기가 3년이나 남았기에 보전의 필요성도 인정된다고 판단하였습니다.

따라서 정기총회결의 무효확인의 소 판결 확정시까지 乙은 A신용협동조합의 이사의 직무를, 丙은 A신용협동조합의 감사의 직무를 각 집행하여서는 아니 된다고 판시하였습니다.

3. 사안의 검토

본 사안은 징계 사안은 아니나 상임이사 상임감사의 선임절차의 문제로 인하여 직무집행정지 가처분이 인용된 사례입니다.

총회의 표결 및 집계 방법에 관하여는 법령에 특별한 규정이 없다면 개별 의안마다 표결에 참석한 조합원의 성명을 특정할 필요는 없고 표결에 참석한 조합원의 수를 확인한 다음 찬성 반대 기권의 의사표시를 거수, 기립, 투표 기타 적절한 방법으로 하여 집계하면 되는데(대법원 2011. 10. 27. 선고 2010다88682 판결 등 참조) 본 결의에 있어 최소한의 집계도 하지 않아 상임이사 및 상임감사의 직무가 정지된 것입니다.

조합에서 이사 및 감사를 선임하는 결의를 할 경우 집계 방법 및 절차 등 주의할 사항을 확인하여 준 사안이었습니다.

효력정지 가처분

〈인천지방법원 2016카합○○○○○
효력정지 가처분, 신청인 甲, 피신청인 신협중앙회〉

1. 징계

A신협은 2015년 10월 인천광역시 소재 A신협 본점 부지와 건물을 매도하였는데, 이와 관련하여 신협중앙회는 감사를 실시하여 매매에 대한 이사회 결의 전에 매매계약이 체결되도록 하는 등의 규정 위반 행위를 적발하였으며, 이에 의거 2016년 1월 A신협에 계약 사무 관리 부적절 등을 이유로 당시 상무 甲에 대하여 정직 2월의 징계조치를, 차장 乙에 대하여 정직 1월의 징계조치를 취하라는 검사 결과 통보 및 조치 요구서를 발송하였습니다.

A신협은 2016년 1월 신협중앙회로부터 검사 조치 요구서를 받은 후 임시 이사회 소집을 통보하고 다음 날인 2016년 1월 ○일, 丙 전 이사장이 주최하는 임시 이사회를 개최한 후, 이 사건 검사 조치 요구서에 따라 甲에 대한 정직 2개월을 의결한 바 있습니다. 甲은 2015년 11월 A신협의 상무의 직에서 사직한 후, 2016년 1월 A신협 임원선거에서 이사장으로 당선되었습니다.

2. 가처분 결정 : 인용

甲은 이사장직을 유지하고자 2016년 3월 신협중앙회에서 2016년 1월에 처분한 검사결과 통보 및 조치 요구의 효력을 정지시키는 내용의 효력정지가처분 신청서를 법원에 제출하였고, 2016년 6월 법원 가처분 신청에 대하여 인용결정을 받았습니다.

그 이유인 즉 甲이 아닌 乙이 계약서 작성에 관여하였으며, 건물 매각에 의견 일치가 있었고 이사회의 결의를 얻지 못하면 무효이며, 매매예정가액도 적정하였고 수의계약에 의해서도 매각이 가능하므로 피보전권리가 존재하며 또한 신협의 이사장 지위를 상실하거나 권한 행사를 정지당함으로써 입게 될 손해가 현저하고 상당하다고 보이므로 보전의 필요성도 인정된다는 것이었습니다.

3. 사안의 검토

본 사안은 甲이 이사장 선거 직전 상무의 직을 사임하였고 그 후 신협중앙회가 징계조치요구를 하여 관련법에 의거 임원 자격 제한 사유가 있었으나 조합 선거관리위원회에서 선거 자격이 있다고 결정하여 이사장에 당선된 후 조치요구 효력정지 가처분을 한 사안입니다.

재판부가 피보전권리를 판단할 시 징계사유 등을 검토하고 이사장에 당선되었기에 보전의 필요성을 인정하여 가처분을 인용한 것입니다.(참고로 후에 본 가처분의 본안 사안에서도 甲이 승소하여 종결되었습니다.) 대부분의 사안이 선거를 하기 전에 피선거권을 유지하기 위하여 가처분을 하는데 본 사안은 선거 후 당선되어 가처분 신청을 하였는데 이는 매우 드문 경우이며 선거관리위원회가 피선거권을 부여하였기에 가능한 것이었습니다. 선거관리위원회가 임원자격제한 등에 관한 법의 테두리를 벗어나 피선거권을 부여할 수 있을지는 의문이며, 오히려 관련 규정을 무시하여 피선거권을 획득하여 당선이 되었다면 반대로 조합 측에서 소의 이익이 있다는 가정 하에 이사장직무집행정지가처분 및 선거무효확인소송을 제기하여 해결할 수도 있는 사안이었다고 판단됩니다.

직무집행정지 가처분

〈광주지방법원 2015카합○○○○○
직무집행정지 가처분, 신청인 甲 피신청인 A신협〉

1. 징계

甲(A신협 상임이사)은 중앙회 부문검사에서 첫째, 대출금 및 예탁금 횡령 감독소홀, 둘째, 내부통제업무 관리 소홀, 셋째, 채권관리 소홀(중도금대출 취급 불철저)의 사유로 2015년 8월 직무정지 3월의 징계 처분을 받았습니다.

2. 가처분 결정 : 기각

甲은 2015년 8월 13일 위와 같은 징계의 부당함을 다투며 징계처분 원인 사실로서 직원 乙의 수사가 진행 중이며, 직원 乙이 아이디와 비밀번호를 도용한 행위는 甲의 관리감독책임을 벗어난 것이고, 중도금 대출에 있어서 물적담보를 제공받을 방법은 없는 것 등을 주장하며 광주지방법원에 직무집행정지가처분을 제기하였습니다.

법원은 신협중앙회의 징계요구에 대한 절차적 문제는 없고 또한 징계사유도 인정되며 징계양정에 있어서 재량의 범위를 현저히 일탈한 것이라고도 보기 어려우며, 신청이 받아들여지지 않을 경우 甲에게 회복할 수 없는 손해나 급박한 위험이 발생하였다고 볼 만한 자료가 부족한 반면, 甲이 본안사건에서 승소하는 경우 정직기간 동안의 임금을 지급받을 수 있는 등 그 손해를 보전할 수 있을 것으로 보이므로 급박한 보전의 필요성이 있다고 보기도 어렵다고 판시하며 가처분 신청을 기각하였습니다.

3. 사안의 검토

甲은 상임이사로서 정직의 처분을 받으면 그 기간 동안 직무집행이 정지가 되므로 이로 인한 손해를 방지하기 위하여 직무집행정지가처분 신청을 하였습니다. 하지만 더 큰 이유는 향후 있을 임원 선거의 피선거권이 박탈되어 이를 피하고자 가처분 신청을 한 것입니다.

재판부는 징계사유가 정당하며 보전의 필요성이 없다고 하였습니다. 만약 가처분 신청이 임원선거에 임박하였다면 보전의 필요성을 강하게 주장하여 인정받을 수도 있었을 것입니다.

본 사안은 가처분 신청의 시기뿐 아니라 가처분의 인용 결정은 징계사유 및 보전의 필요성과 밀접한 관련이 있다는 것을 확인시켜 주었습니다.

임시지위보전 및 선거절차진행금지 가처분

〈창원지방법원 □ □ 지원 2016카합○○○○○
임시지위보전 및 선거절차진행금지 가처분, 신청인 甲, 피신청인 A신협〉

1. 징계

A신협 전 차장 甲은 1993년 12월에 입사하였다가 2015년 10월 20일 퇴직하였습니다. 신협중앙회는 2016년 1월 甲에 대하여 첫째, 개인정보 처리업무 불철저, 둘째, 업무상 횡령 등을 이유로 징계처분 조치를 A조합에 요구하였으며, 피고 A조합은 2016년 1월 징계면직처분을 하고 甲에게 통보하였습니다.

2. 가처분 결정 : 기각

甲은 2월 말에 있을 임원선거에 출마하기 위하여 A협동조합을 상대로 임시지위보전 및 선거절차진행금지를 구하는 내용의 가처분 신청을 하였습니다.

법원은 징계사유가 존재하지 아니한다거나 재량권을 일탈 또는 남용하여 위법, 무효라고 보기 어렵고 달리 이를 인정할 자료가 없으며 임원 자격 제한 사유에 해당한다고 보아 甲의 청구를 기각하였습니다.

3. 사안의 검토

　법원은 관련 형사처분이 내려지기 전에 수사자료만을 근거로 가처분 신청이 이유 없다고 판단하였으나 반대로 본안판단은 인용하였는데 그 이유로서 징계사유로서 거론된 개인정보 유출 및 횡령 등이 무혐의처분을 받은 사실의 영향이 크다고 볼 수 있습니다.

　법원은 형사고소 대상 범죄사실이 명확하다면 대체로 가처분을 기각하려는 경향이 있기에 징계사유가 형사고소 사유와 겹치면 형사고소를 언제 진행할 것인지 및 이로 인한 가처분 기각 인용 결정을 받을 가능성이 있는지를 계산하여 가처분 신청을 도모하여야 할 것입니다.

　甲은 임시지위보전 및 선거절차 진행금지를 구하였는데 징계효력정지 가처분만 구하여도 징계효력이 정지되고 이로 말미암아 임원의 자격 제한 규정도 적용되지 않기에 굳이 선거절차진행금지를 구할 필요는 없다고 할 것입니다. 재판부 입장에서는 가처분에 대하여 선거절차진행금지는 기각하고 나머지 신청에 대하여서 일부 인용 결정을 내릴 수도 있으나 선거절차진행금지 신청이 제기되면 우선 이를 인용하기가 부담스러워 임시지위보전도 영향을 받을 가능성이 있을 것으로 보입니다.(본 사안은 선거가 급박하게 진행되기에 어쩔 수 없이 선거절차진행금지도 구한 사안으로 보입니다.)

임시의 지위를 정하는 가처분

〈광주지방법원 2018카합○○○○○
임시의 지위를 정하는 가처분, 신청인 甲 피신청인 A신협〉

1. 징계

A신협 상임이사인 甲은 신협중앙회 부문검사에서 첫째, 대출금 및 예탁금 횡령 감독소홀, 둘째, 내부통제업무 관리 소홀, 셋째, 중도금대출 취급 불철저 등 채권관리 소홀의 사유로 2015년 8월 직무정지 3월의 징계 처분을 받았습니다.

2. 가처분 결정 : 기각

甲은 2018년 1월 광주지방법원에 예탁금 횡령 및 내부통제업무 관리 소홀, 중도금 대출 취급 불철저에 대한 징계 재량권을 남용하거나 한계를 일탈한 위법이 있고 손해액은 6억 1천만원에 불과하며 임원후보의 지위를 회복하기 위하여 후보등록을 거부하거나 제한하여서는 안 된다는 이유 등으로서 2018년 2월에 있을 A신협 제정기총회 임원선거에서 피선거권이 있음을 임시로 정하는 내용의 임시의 지위를 정하는 가처분 신청을 제기하였습니다.

재판부는 본안 판단에서도 기각되었을 뿐 아니라 선행 판결이 부당하였거나 선행 판결의 내용을 받아들일 수 없는 사정변경이 발생하였다고 판단할 만한 자료가 보이지 않는 점 및 징계처분으로 인하여 달성하고자 하는 공익이 채권자의 제한되는 사익에 비하여 더 크다고 판단되는 점 등을 이유로 가처분을 구할 피보전권리 및 보전의 필요성이 소명되었다고 보기 어렵다고 판단하였습니다.

3. 사안의 검토

본 사안은 본안 판결이 난 후 가처분을 신청한 사안으로서 본안 판결이 패소가 된 사정을 감안하여 가처분을 기각한 사안입니다. 본안 사안과 관련된 임시의 지위를 정하는 가처분은 본안 판결이 승소하였다면 그러한 사실관계를 토대로 가처분 신청을 하였다면 인용가능성이 높아지나(본안 판결이 인용되기 전이라도 사실관계가 명확하다면 소명으로 충분하기에 가처분이 인용될 수도 있습니다.) 본안 판결에서 기각이 되면 연관된 가처분 신청도 기각될 가능성이 높습니다. 임원 선거 일자 및 징계 사유 등을 종합적으로 고려하여 가장 적합하다고 생각되는 시기에 가처분 신청을 하는 것이 현명한 선택이라는 것을 다시금 알려준 사안입니다.(사실 본 사안은 1차 가처분이 기각된 후 본안 판결을 받고 다시 연관된 2차 가처분이 신청된 사안으로서 불가피하게 제기된 면도 있었습니다.)

직무정지효력정지 가처분

〈대전지방법원 2017카합○○○○○
직무정지효력정지 가처분, 신청인 甲, 피신청인 신협중앙회〉

1. 징계

이사장 甲은 2015년 A신용협동조합 이사장으로 취임하여 재직하던 중 일일공공근로 인건비를 수령할 목적으로 대리 乙 등 직원 7명에게 정당한 사유 없이 통장사본 및 신분증 사본 제출을 받아 총 100여 회에 걸쳐 1,500만 원의 일일공공근로 인건비를 수령하여 사적으로 사용한 이유 등으로 신협중앙회로부터 2017년 8월 첫째, 신협 임직원 윤리강령 제3장 제2절(공정한 업무수행), 둘째, 임직원윤리행동지침 제6조(알선, 청탁 등 금지) 및 제10조(공정한 업무 수행을 저해하는 지시 등에 대한 처리), 제12조(이권개입금지) 셋째, 수신업무방법서 제1편 제2장 제7절(사고방지) 규정 위반을 이유로 부문검사 결과 통보 및 "개선"(해임 면직) 조치요구를 받았습니다.

2. 가처분 결정 : 기각

신협중앙회의 조치 요구 결과 신용협동조합법 제84조 제2항 및 신용협동조합검사 및 제재에 관한 규정 시행규칙 제35조 제1항에 의거 甲 이사장의 직무가 정지되었습니다. 이에 甲은 2017년 8월 부분검사 결과를 통보받자마자 대전지방법원에 신협중앙회를 상대로 직무정지효력정지가처분을 신청하였습니다.

이에 재판부는 2017년 11월, 직원들에게 통장사본 등을 요구한 행위는 직원들의 공정한 업무 수행을 저해할 수 있는 부당한 지시에 해당된다는 이유 등으로 징계조치의 원인사실이 인정되며, 인건비 수령으로 인한 윤리강령 위반 등으로 직무에서 배제하는 것이 부당하다고 보기 어렵다고 판단하여 가처분 신청을 기각하였습니다.

3. 사안의 검토

甲의 행위에 관하여 가처분 신청 당시에는 공공근로인건비 사기 사건과 관련하여 압수 수색 영장이 발부되어 범죄 행위의 중함이 인정되는 결과 가처분의 인용받기가 어려운 상황이었습니다.

징계면직 시 그 날로부터 조치가 확정되는 날까지 직무가 정지되는 것은 신협법 제84조 제2항, 제89조 제7항의 규정 효력에 의한 것이며, 임원의 자격 제한은 신협법 제28조에 의한 것이라는 것을 구분할 필요가 있으며 본 사안은 제84조에 근거한 효력을 정지하는 것을 구하는 내용이었습니다.

본 사안의 가처분은 조치가 확정될 때가 아닌 재판의 확정시까지를 직무가 가능하도록 직무정지효력정지 신청을 한 것으로서 인용된다면 임기의 만료 시까지는 직무가 가능하나 이와는 별개로 차기 선거에 나가기를 원한다면 징계요구효력정지가처분을 별도로 구할 필요가 있습니다.

조치가 확정될 때까지 직무를 수행하도록 하는 내용의 가처분도 임원 자격 제한 가처분과 마찬가지로 피보전권리와 보전의 필요성을 인정받아야 한다는 점에서 공통되나 효과 면에서는 직무를 유지하느냐 아니면 선거에 나가느냐에 따라 달라지기에 시기를 보아 적절한 가처분 신청을 할 필요가 있습니다.

또한 직무정지효력정지가처분은 직무정지의 효력시기가 징계조치가 확정될 시기까지가 원칙이므로 이 이상의 기간 동안 직무를 수행하기를 원한다면 판결의 확정시까지 임시의 지위를 인정하는 가처분을 신청할 필요가 있다고 할 것입니다.

조합원 효력정지 가처분

〈광주지방법원 2017카합○○○
효력정지 가처분, 신청인 甲, 피신청인 A신협〉

1. 조합원 자격상실

甲은 2009년 6월 출자금계좌에 10,000원을 예치하여 조합원 자격을 얻은 후, 예탁금 계좌에 223,000원을 예탁한 후, 2010년 11월 220,000원을 인출하여 4,293원의 예탁금을 보유하고 있으나 이사회 결의 시인 2017년 11월까지 입금한 내역이 없으며, 2018년 2월에 있을 총회에서 이사장에 당선되고자 후보 등록하려는 자입니다. A신협은 2017년 11월 말 이사회를 개최하여 조합원 3,519명에 대하여 예탁금 등 3년 동안 신용사업을 이용한 내역이 없는 자라는 이유 등으로서 일괄적으로 조합원 자격 상실 결의를 의결하였으며 甲도 그 중 한 명이었습니다.

2. 가처분 결정 : 인용

甲은 이사장 선거에 입후보할 임시의 자격을 취득할 목적으로 2017년 12월 법원에 A신협을 상대로 조합원 상실부분의 이사회 결의에 대한 효력정지 가처분 신청을 제기하였습니다. 재판부는 정관에 규정하고 있는 자격상실의 사유를 엄격하게 해석하여야 하는데 이자를 지급받았기에 예탁금을 이용한 것이며, 3년 이상의 기간으로 정해진 정기예탁금을 납입한 조합원은 예탁금의 액수와 무관하게 그 지위가 언제든지 박탈될 위험이 있는 점 등으로 보아 가처분 신청은 이유 있다고 판시하며 2018년 1월 가처분 신청을 인용하였습니다.

3. 사안의 검토

본 사안은 징계로 인한 가처분과는 달리 조합원 자격 상실 결의에 대한 이사회 결의 효력을 정지시키고 임시로 조합원의 자격이 있음을 확인하는 내용의 가처분입니다.

조합원 자격 상실로서 차기 신협 임원이 될 자격이 상실되므로 효과 면에서 임직원의 징계와 유사하나 신청인은 임직원이 아닌 조합원인 점에서 신청인 적격에서 상이한 부분이 있습니다.

재판부는 3년간 이용한 내역을 넓게 해석하여 신청인이 차기 조합장 선거에 나갈 수 있도록 한 결정을 하였기에 이러한 분쟁을 미리 방지하기 위해서는 조합에서는 조합원 상실에 관한 규정을 명확하게 할 필요가 있다고 할 것입니다.

징계자에 대한 임시의 지위를 정하는 가처분은 징계사유 등을 검토함에 있어 폭넓은 징계권자의 징계 재량을 존중하는 경향이 있으나 조합원 지위에 관한 가처분은 자격 상실 규정을 해석함에 있어서 가급적 조합원의 권익을 옹호하는 방향으로 해석할 여지가 있기에 이를 감안하여 가처분 신청 진행 여부 및 실효성 등을 판단하여야 할 것입니다. 재판부는 조합원의 입장에서 임원 선거에 출마하기 위하여는 조합원 자격 상실 여부를 다투어야 하기에 시간 제약상 부득불 가처분을 통해 임시적 지위를 보전하여야 할 필요가 있다고 보았습니다.

징계결의 효력정지 가처분

〈서울북부지방법원 2017카합○○○
징계결의효력정지 가처분, 신청인 甲, 乙, 피신청인 A신협〉

1. 징계

전 이사 甲은 A신협의 상임이사였던 자로 2014년 2월 이사에 취임하여 2015년 7월 사임하였고, 전 이사 乙은 A신협에서 2015년 9월 상임이사에 취임하였는데, 甲은 A신협의 상임이사로 근무하던 중 2014년 2월 A신협의 정기총회 종료 후 회식자리에서 당시 대리직에 있었던 丙을 폭행하여 상해를 입힌 사실로 형사처분을 받아 2015년 7월 상임이사직에서 사임하였습니다. 이에 신협중앙회는 A신협에 부문검사를 한 후 甲에 대하여 "신용협동조합 윤리강령" 제3장 제4절(임직원간 상호존중)을 위반하였다는 이유로, 2017년 9월 A신협으로 하여금 징계조치를 할 것을 요구하였으며, 乙에 대하여 첫째, 총회소집통지를 제대로 하지 않았다는 것, 둘째, 여신업무를 부당하게 취급하였다는 것, 셋째, 비조합원 대출한도를 초과하여 대출하였다는 사유로서 직무정지 1월 및 모든 대출금에 대한 변상까지 하여야 한다는 내용으로 징계조치할 것을 요구하였습니다. A신협의 이사회는 2017년 12월 甲, 乙에 대하여 각 직무정지 징계결의 및 통보를 하였습니다.

2. 가처분 결정 : 기각

甲 및 乙은 2017년 12월 서울북부지방법원에 징계결의효력정지 가처분을 신청하였는데, 재판부는 관련 규정에서 징계시효에 관한 규정이 없는 점, 제출된 자료를 통해 징계 대상 행위는 인정되며 징계대상행위 당시 높은 도덕성과 책임이 요구되는 상임이사로서 재직하였고, 금융기관의 임직원들이 대출절차에 관한 규정을 엄격히 준수할 것이 요구되는 점 등을 통해 가처분 신청을 기각하였습니다.

3. 사안의 검토

본 사안은 두 명의 징계자가 동시에 가처분 신청을 한 사안입니다. 다만 징계 사유는 다르기에 각자의 피보전권리 및 보전의 필요성을 판단하여야 하나 엄격히 구분하지 않고 총괄적으로 판시를 하였습니다.(참고로 항고에서는 사직한 자에 대한 징계처분 가능성 등을 추가로 판시를 하기도 하였습니다.)

가처분 대상을 징계 결의 통보로 보아 이를 대상으로 가처분 신청을 하였으며 신청이 인용이 되었다면 징계 결의 통보의 효력은 정지되나 신협중앙회의 조치 요구 등의 효력은 유지되어 실효성이 있는가의 논란의 여지가 있을 수 있습니다. 실무적으로는 신협중앙회는 법원의 판결을 존중하여 조합을 상대로 가처분이 인용된다면 신협중앙회의 징계조치요구의 효력과는 무관하게 차기 조합 피선거권은 유지된다고 해석하고 있습니다.

이사장 직무집행정지 가처분

〈의정부지방법원 ㅁㅁ지원 2011카합○○○

이사장 직무집행정지 가처분, 신청인 신협중앙회, 피신청인 甲〉

1. 개선조치 요구

신협중앙회는 이사장 甲에 대하여 A신협에게 조합의 경영 상태 악화 등으로 개선조치요구를 하였으나 A신협은 이사회 및 총회결의를 거쳐 甲에 대한 해임안을 부결시켰으며 그 후 甲은 이사장의 직위를 유지하였습니다.

2. 가처분 결정 : 인용

신협중앙회는 이사장 甲의 직무집행정지 가처분을 신청하였습니다. 이에 재판부는 임원의 개선 조치는 해임의 효력을 가지고 있고 신협법 제84조 직무 정지의 종기로 정한 "그 조치가 확정되는 날"은 당해 임원에 대한 해임 결의가 있는 날을 의미한다고 보아야 하며, 개선조치요구에 대하여는 징계사유로서 15억에 대하여 적정한 담보를 확보하지 않은 점 등을 감안하면 조합의 경영을 위태롭게 한 사정 등이 인정되어 개선조치 요구가 정당하여 신협중앙회의 가처분 신청은 이유 있다고 판시하였습니다.

3. 사안의 검토

본 사안의 특이점은 조합이 제재규정을 위반하여 해임결의를 부결하였기에 甲이사장은 직무를 유지하고 있었으며 신협중앙회에서 직무집행을 정지하는 내용의 가처분 신청을 통해 이사장의 직무집행의 배제 여부에 관한 명확한 법적 판단을 받았다는 것입니다.

사안을 통해 조치요구의 조합에의 구속력 및 직무집행 정지의 시기 및 종기가 명확해졌으며 개별 단위 신협은 개선 등의 조치를 받은 이사장에 대해서 해임 등의 절차를 진행하지 않는 상황에 대한 법적인 효과를 확인할 수 있었습니다.

징계조치요구 효력정지 가처분

〈광주지방법원 □□지원 2017카합○○
징계조치요구 효력정지 가처분, 신청인 甲, 피신청인 신협중앙회, A신협〉

1. 징계

甲은 1988년 9월 A신협에 입사하여 1996년 6월 신협의 실무책임자인 상무로 승진하였고, 2002년 1월 전무로 근무하다가 2013년 11월 퇴사하였으며, 2014년 2월 이사장으로 선출되어 2014년 3월부터 이사장으로 재임하고 있었습니다. 신협중앙회는 2017년 8월 A신협에 대하여 2017년 4월부터 2017년 4월까지 실시한 부문검사의 결과로 임원인 이사장 甲에 대하여 2017년 8월 직무정지 1월의 징계조치를 요구하였습니다.

신협중앙회의 징계조치요구 사유는 A신협의 전무였던 乙이 2011년 3월부터 2017년 3월까지 예탁금 및 대출금에 대하여 예탁금범위내 대출 또는 자립예탁금대월을 발생시키거나 예탁금 중도해지 등의 방법으로 약 12억원을 횡령하는 사고를 발생케 하였는데, 이사장 甲에게 첫째, 乙의 대출금 및 예탁금 12억 원의 횡령 행위, 직원 간 단말기 아이디 및 비밀번호 공유, 부장 丙의 일상검사원으로서 점검 등에 대한 감독책임이 있고, 둘째, 사고 예방 대책과 지도사항을 임직원이 이행하도록 관리 감독하고 사고 유발 소지가 없도록 하여야 함에도 이를 소홀히 한 책임이 있다는 것 등이었습니다.

2. 가처분 결정 : 기각

甲은 중앙회의 정직 1월의 징계요구에 대하여 2017년 12월 중앙회 및 A신협을 상대로 징계조치요구 효력정지 가처분 신청을 제기하였습니다.

甲은 가처분 신청서에 첫째, 소송을 통해 횡령 등 비위행위의 당사자인 전무였던 乙에 대한 결재권이 없는 등 감독 책임이 없으며, 둘째, 횡령행위 등에 대하여 장기간 적발하지 못하였기에 이를 확인하기 어려운 사정 등으로 정직 1월의 처분은 징계권의 남용이라고 주장하였습니다.

이에 대하여 재판부는 첫째, 甲이 이사장으로서 불법행위자 乙의 최종적인 관리책임자이고 乙보다 상위 직급에 있는 유일한 자인 점, 둘째, 甲이 이사장으로 재직할 당시에 불법행위가 집중적으로 이루어진 점, 셋째, 단말기 아이디 및 비밀번호를 공유하도록 묵인한 점, 넷째, 乙의 불법행위로 인한 피해의 회복이 이루어지지 않은 점을 고려할 때 징계 재량권을 남용한 것이라고 보기 어려워 甲의 피보전권리를 인정하기 어려워 가처분 신청을 기각하였습니다.

3. 사안의 검토

　가처분 신청인은 법원이 신협중앙회를 상대로 징계조치요구의 효력을 정지시킬 것 및 A신협에 대하여는 징계조치집행 금지시킬 것을 구하였으며 신청인이 A신협에 대하여 임원의 지위에 있음을 임시로 정한다는 내용으로 신청취지를 기술하였습니다.

　차기 임원선거의 피선거권을 얻기 위하여 징계조치요구를 한 신협중앙회를 상대로 정직 1월의 징계조치요구 효력정지를 구하는 것은 통상적인 것입니다. 다만 본 사안은 더 나아가 조합에서 결의 등의 집행을 하지 않아야 하며 임시의 지위에 있음을 확인하는 내용도 신청 취지로 기술하였습니다. 신협중앙회의 징계조치요구에 이어서 조합에서 제재조치를 받은 사람은 피선거권이 없습니다. (신협법제 28조) 이러한 신협 사안의 특이성을 반영하여 신협중앙회뿐 아니라 조합도 피신청인으로 신청한 것으로 보입니다.

　만약 甲이 신청한 내용대로 가처분이 인용되었다면 피선거권의 획득 효력 뿐 아니라 정직 1월의 이사회 결의 및 통지도 이루어지지 않아 정기총회시까지 이사장의 직위를 유지한 채 선거를 준비할 수 있었을 것입니다.

　또한 재판부는 피보전채권의 판단으로 징계 사유 및 양형 등을 고려함에 있어 행위 태양 뿐 아니라 피해의 정도도 감안하여 인용 여부를 결정하는 경향이 있다는 사실을 더불어 확인시켜주었습니다.

임원개선조치 등 효력정지 가처분

〈대전지방법원 2018카합○○○○
임원개선조치 등 효력정지 가처분, 신청인 甲, 피신청인 신협중앙회〉

1. 징계

甲은 A신협 이사장으로 재직 중 2018년 7월에 신협중앙회로부터 임원개선 및 변상조치 요구를 받았으며, 또한 당일에 직무집행이 정지되었습니다. 징계 대상 행위는 첫째, 조합 문서 허위 작성 및 동 행사이며 "상임이사의 보수"에 관한 이사회 안건 상정이 없었음에도 상정되어 결의된 것처럼 6회에 걸쳐 이사회 의사록을 허위로 작성하여 행사하였고, "지사무소 타당성 심사 요청" 및 "후순위 차입금 승인 신청" 등을 10회에 걸쳐 허위로 작성한 이사회 의사록을 첨부하여 행사하였으며, 성희롱 예방 교육을 실시한 사실이 없음에도 실시한 것처럼 내부문서를 허위로 작성하고, 실시한 사실이 없는 리스크 관리 위원회를 실시한 것처럼 회의록을 허위로 작성하였다는 것이며, 둘째, 경비 부당집행(특별상여금 등 부당 지급)으로서 직원의 상여금에 일정금액을 초과 책정하여 초과된 금액을 이사장의 성과금으로 지급하는 방법으로 총 5건에 걸쳐 2,000여만원을 부당하게 수령하였으며, 셋째는 대리 및 주임에게 강요하여 허위의 진술서를 작성하도록 하여 검사업무를 방해한 것이며, 넷째는 윤리행동지침 미준수 감독자로서 직원의 성희롱 행위 방지를 위한 감독을 소홀히 하였다는 것입니다.

2. 가처분 결정 : 기각

甲은 재판에서 2018년 8월 신협중앙회를 상대로 법원에 임원 개선조치 및 변상조치 요구에 대한 효력을 정지하는 가처분 신청을 하였습니다.

甲은 첫째, 회의록 작성은 실무책임자가 주도하였으며 둘째, 초과 상여금은 수령사실이 없고 셋째, 허위진술서 작성을 강요하지 않았고 넷째, 사건 즉시 진상 파악하여 감독자의 책임이 없다고 주장하였습니다. 특히 이사장의 임기는 2018년 12월 말경 만료되므로 본안소송의 기간을 고려하여 이사장의 직위의 효력을 유지할 이익이 있으며, 사건 관련자인 전무가 조합에 출근하여 실권을 행사하는 등으로 불합리한 부분이 있어 가처분을 신청하였다고 주장하였습니다.

이에 대하여 재판부는 甲이 상당기간 A신협 이사장으로 재직하였고 이사록 작성자에 대하여 사실상 영향력을 행사하는 지시자로서 1차적 책임을 진다고 보아야 할 것이라는 점, 甲의 지시 없이 실무자들이 허위로 상건 상정 및 지출결의서를 허위로 작성할 아무런 동기가 없는 점, 지급받은 상여금 중 일부를 신협에 변상하기로 한 점 등을 비추어 보면 甲의 위규사실이 소명된다고 판단하였으며 성희롱 예방 교육 의무를 부담하는 등으로 감독자로서의 책임도 부담한다고 보았습니다. 또한 위와 같은 행위는 신용질서를 크게 문란시킨 경우 또는 금품수수 등 행위를 한 경우에 해당한다고 볼 소지가 있는 점, 재임기간 동안 지속적으로 이루어진 점 등으로 징계재량권을 일탈 남용하지 않는다고 판단하였습니다.

3. 사안의 검토

본 사안은 임원 개선 조치가 된다면 신협법 제84조 제2항에 의거 조치를 요구받은 날로부터 직무가 정지가 되기에 징계조치 요구에 대하여 효력정지 가처분을 신청한 것으로, 재판부가 징계조치를 받은 甲의 징계사유가 감독책임뿐 아니라 부당한 금원을 받은 사유가 인정된다는 이유 등으로 정당한 징계 재량 범위 내의 처분이라는 것을 판시한 사례로서 조합 이사장은 임직원의 감독책임뿐 아니라 본인에 관계된 금원 등의 처리에 있어서는 신중한 검토를 요한다는 것을 확인시켜주었습니다.

로자에게 교부하여야 ... 25>

제18조(단시간근로자의 근로조건) ① 단시간근로자의 근로조건은 그 사업장의 같은 종류의 업무에 종사하는 통상 근로자의 근로시간을 기준으로 산정한 비율에 따라 결정되어야 한다.
② 제1항에 따라 근로조건을 결정할 때에 기준이 되는 사항이나 그 밖에 필요한 사항은 대통령령으로 정한다.
③ 4주 동안(4주 미만으로 근로하는 경우에는 그 기간)을 평균하여 1주 동안의 소정근로시간이 15시간 미만인 근로자에 대하여는 제55조와 제60조를 적용하지 아니한다. <개정 2008·3·21>

제19조(근로조건의 위반) ① 제17조에 따라 명시된 근로조건이 사실과 다를 경우에 근로자는 근로조건 위반을 이유로 손해의 배상을 청구할 수 있으며 즉시 근로계약을 해제할 수 있다.
② 제1항에 따라 근로자가 손해배상을 청 ... 동위원회에 신청할 수 있 ...

제23조(해고 등의 제한) ① 사용자 ... 게 정당한 이유 없이 해고, 휴 ... 직, 감봉, 그 밖의 징벌(懲罰) ... 고등"이라 한다)을 하지 못한 ...
② 사용자는 근로자가 업무 ... 병의 요양을 위하여 휴업 ... 30일 동안 또는 산전(産 ... 여성이 이 법에 따라 휴업 ... 30일 동안은 해고하지 못 ... 가 제84조에 따라 일시 ... 또는 사업을 계속할 ... 그러하지 아니하다.
제24조(경영상 이유에 ... 사용자가 경영상 ... 해고하려면 긴박한 ... 한다. 이 경우 경 ... 사업의 양도·인 ... 의 필요가 있는 ...
② 제1항의 경 ... 기 위한 노력을 ...

제2장

민사사건

제18조(단시간근로자의 근로조건) ① 단시간근로자의 근로조건은 그 사업장의 같은 종류의 업무에 종사하는 통상 근로자의 근로시간을 기준으로 산정한 비율에 따라 결정되어야 한다.

② 제1항에 따라 근로조건을 결정할 때에 기준이 되는 사항이나 그 밖에 필요한 사항은 대통령령으로 정한다.

③ 4주 동안(4주 미만으로 근로하는 경우에는 그 기간)을 평균하여 1주 동안의 소정근로시간이 15시간 미만인 근로자에 대하여는 제55조와 제60조를 적용하지 아니한다. <개정 2008·3·21>

제19조(근로조건의 위반) ① 제17조에 따라 명시된 근로조건이 사실과 다를 경우에 근로자는 근로조건 위반을 이유로 손해의 배상을 청구할 수 있으며 즉시 근로계약을 해제할 수 있다.

② 제1항에 따라 근로자가 손해배상을 청구할 경우에는 노동위원회에 신청할 수 있으며, 근로계약이 해제되었을 경우에는 사용자는 취업을 목적으로 거주를 변경하는 근로자에게 귀향 여비를 지급하여야 한다.

제20조(위약 예정의 금지) 사용자는 근로계약 불이행에 대한 위약금 또는 손해배상액을 예정하는 계약을 체결하지 못한다.

제21조(전차금 상계의 금지) 사용자는 전차금(前借金)이나 그 밖에 근로할 것을 조건으로 하는 전대(前貸)채권과 임금을 상계하지

제23조(해고 등의 제한) ① 사용자는 근로자에게 정당한 이유 없이 해고, 휴직, 정직, 감봉, 그 밖의 징벌(懲罰)(이하 "부당해고등"이라 한다)을 하지 못한

② 사용자는 근로자가 업무상 병의 요양을 위하여 휴업한 30일 동안 또는 산전(産)전 여성이 이 법에 따라 휴업한 30일 동안은 해고하지 못한다. 다만, 사용자가 제84조에 따라 일시보상을 하였을 경우 또는 사업을 계속할 수 없게 된 경우에는 그러하지 아니하다.

제24조(경영상 이유에 의한 해고의 제한) ① 사용자가 경영상 이유에 의하여 근로자를 해고하려면 긴박한 경영상의 필요가 있어야 한다. 이 경우 경영 악화를 방지하기 위한 사업의 양도·인수·합병은 긴박한 경영상의 필요가 있는 것으로 본다.

② 제1항의 경우에 사용자는 해고를 피하기 위한 노력을 다하여야 하며, 합리적이고 공정한 해고의 기준을 정하고 이에 따라 그 대상자를 선정하여야 한다. 이 경우 남녀의 성을 이유로 차별하여서는 아니 된다.

③ 사용자는 제2항에 따른 해고를 피하기 위한 방법과 해고의 기준 등에 관하여 그 사업 또는 사업장에 근로자의 과반수로 조직된 노동조합(근로자의 과반수로 조직된 노동조합이 없는 경우에는 근로자의 과반수를 대표하는 자를

징계 절차 하자

〈수원지법 ㅁㅁ지원 2016가합○○○○○, 징계면직 및 변상처분 무효 확인
원고 甲, 피고 A신협, 피고보조참가 신협중앙회〉

1. 징계

A신협 상무 甲은 1993년 7월에 입사하여 과장, 부장을 거쳐 상무로 근무하였습니다. 신협중앙회는 2015년 5월 및 6월에 정기감사를 실시하여 2015년 11월, 담보대출 취급 부적, 특정인에 대한 편의 제공, 경비부당집행 등의 이유로 A신협에 징계 정직 6월 및 변상조치 통보를 하였고 A신협은 2016년 8월 이사회를 통해 '직권면직 및 변상금 15,000,000원 부과 처분을 의결한 후 2016년 9월에 甲에게 직권면직 등 처분을 통보하였습니다. 甲은 2016년 10월 A신협에 변상금 15,000,000원을 지급하였으며, 2016년 8월에 직권면직에 의한 퇴직처리가 되었는데 그 무렵 甲의 임금은 월 5,000,000원가량 되었습니다.

2. 판결 : 인용

甲은 2016년 11월 징계면직 및 변상처분 무효 확인을 구하는 소송을 제기하였으며, 재판부는 2017년 10월 甲의 청구를 인용하는 내용의 판결을 선고하였습니다.(일부 인용이라고 하나 이는 청구

액수의 차이에 불과합니다.)

재판부는 첫째, 이사회 개최 및 징계내용에 관한 사전통지 및 의견진술기회를 부여하였는지를 살펴보면 A신협이 甲에게 징계사유의 사전통지 및 10일 이상의 기간을 정한 서면의 의견진술기회를 부여하지 않았으며, 둘째, 징계 의결시 징계대상자를 출석시켜 소명의 기회를 주지 않았고 셋째, 직권면직의 시기와 관련하여 처분서의 2016년 9월 내용증명의 우편으로 발송하였기에 비로소 시행된 것임에도 2016년 8월로 소급하여 처분하였다는 이유 등으로 직권면직 징계처분이 무효라고 판단하였습니다. 또한 甲이 A신협에 지급한 변상금은 부당이득으로 반환하여야 하며, 직권면직이 무효인 이상 2016년 8월 OO일 부터 복직하는 날까지 임금 월 5,000,000원의 비율로 계산한 임금을 지급할 의무가 있다고 판시하였습니다.

3. 사안의 검토

본 사안에서 재판부는 징계의 실체적 하자는 판단하지 않고 질자적 하자만을 판단하여 무효라고 판결하였습니다. 징계의 절차적인 부분에 관한 사실관계는 이미 증거자료 등을 통해 대부분 제시되었습니다. 징계에 있어서 실체적 사유도 중요하나 그에 못지 않게 징계의 절차적 정당성도 확보하여야 하므로 임직원 징계 시 관련 규정에 따른 모든 절차(사전통지, 인사위원회 구성 등)를 준수하여야 할 것입니다.

사고조치 미흡 및 내부감독 소홀

〈광주지법 ▫▫지원 2016가합○○○○
징계무효 확인, 원고 甲, 피고 A신협, 피고보조참가 신협중앙회〉

1. 징계

직원 乙은 2014년 3월부터 2014년 3월까지 KS 특정금전신탁 계좌에서 9억2000만원을 인출하였고 신협중앙회는 이에 관하여 1차 검사를 마치고 2014년 3월 A조합 이사장 甲에게 직원 乙등에 대한 긴급한 조치를 하도록 요구하였는데, 이사장 甲은 2014년 3월 ○○일에 업무정지 조치를 행하였습니다.

이와 관련하여 A조합에 추가적인 손해가 발생하자 신협중앙회는 甲 이사장의 업무상 횡령 및 사고자에 대한 후속조치 미흡, 내부통제소홀을 이유로 징계조치요구를 하였고 2014년 11월 A신협은 정직 1월의 징계의결을 하였습니다.

2. 판결 : 인용

이사장인 甲은 2016년 4월 A신협을 상대로 징계처분은 무효라는 내용의 소송을 제기하였는데 소장에서 신협중앙회의 조치 요구에 의거 乙의 업무를 정지시켜 후속 피해 방지를 위한 모든 조치를 취하였고 원고가 乙의 추가 횡령을 방지하는 것은 물리적으로 불가능하고 직무정지 1개월은 과중한 징계라고 주장하였습니다.

법원은 징계사유의 존부에 관하여 직원 乙이 2014년 3월 피고 사무실 내에 있는 공용 노트북을 이용하여 9억 2000만원을 횡령한 사실이 인정되며 甲은 이에 대하여 乙의 업무용 컴퓨터 접속을 차단하고 법인인장을 회수하는 조치만 취하였을 뿐 여유자금이 예치된 다른 금융계좌의 상태 등을 조회하는 등의 조치를 취하지 않았기에 '업무상 횡령 및 사고자에 대한 후속조치 미흡' 내지 '내부통제 소홀'로 인하여 乙의 추가 횡령을 방지하지 못한 과실이 있고 이는 이사장으로서의 선관 주의 의무 내지 직무상 감독 의무를 게을리 한 것으로서 징계사유가 존재한다고 판단하였습니다.

다만 징계양정에 관해 乙은 보안 카드 등을 이용하여 인터넷뱅킹을 접속하였기에 외부 컴퓨터를 이용하여서도 추가 횡령을 할 수 있을 가능성이 높아 현실적으로 이를 막기 어려웠고, 원고는 미약하게나마 업무용 컴퓨터 접속 등 필요한 조치를 취하였으며, 이사장은 1회에 한하여 연임이 가능한데 징계처분으로 차기 이사장 선거에 출마할 수 없게 되는 등으로 이 사건 징계처분은 지나치다고 판시하였다.

3. 사안의 검토

법원은 사실관계 등을 확인한 후 이사장에 대하여 직원의 감독 소홀 등의 징계사유를 인정하나 양형에서 징계재량권을 남용하

였다는 취지로 원고의 청구를 인용하여 감독책임을 확인한 사안
이라는 측면에서 의미가 있습니다. 임원은 직원의 징계사유가 발
생하였을 경우 감독책임을 회피하기 위하여는 즉각적인 방지 대
책을 마련하여야 할 필요가 있습니다. 본 사안에서는 이사장에
대한 정직은 과도하다고 판시하였으나 사안에 따라서는 정직처
분이 적절하다고 판단할 가능성도 있습니다.

내부통제업무 및 감독 소홀

〈광주지법 2015가합○○○○ 광주고법 2016나○○○○

대법원 2018다○○○○, 징계무효확인 등

원고 甲, 피고 A신협, 피고 보조참가 신협중앙회〉

1. 징계

A신협 상임이사 甲은 중앙회 부문검사를 통해 첫째, 직원의 대출금 및 예탁금 20억 가량의 횡령에 대한 감독 소홀, 둘째, 내부통제업무 관리 소홀, 셋째, 중도금대출 취급 불철저로 인한 채권관리 소홀의 사유로 2015년 8월 직무정지 3월의 징계 처분을 받았습니다.

2. 판결 : 기각

甲은 2015년 8월. A신협을 상대로 징계무효확인 소송을 제기하였는데, 법원은 직원인 B의 대출금의 횡령에 대한 감독책임 및 아파트 중도금 대출 취급 불철저로 인한 부실대출에 대한 책임을 인정할 수 있다고 하여 甲에게 패소 판결을 선고하였습니다.

甲은 1심 판결에 불복하여 광주고등법원에 2016년 12월 항소하였으나 재판부는 2018년 1월 甲이 사건 발생이후 피해를 회복하기 위해 노력하였더라도 담보대출로 인한 손해 6억 및 중도금 대출로 인한 손해 약 10억 원의 손해가 회복하기 어려운 상태로서 직접적인 피해가 발생하였을 뿐만 아니라 이로 인하여 피고 직원들의 임금이 동결되는 등 간접적인 피해도 상당하다고 판단하여 원고의 항소를 기각하였습니다.

甲은 대법원에 상고하였으나 그 후 상고를 취하하여 재판이 확정되었습니다.

3. 사안의 검토

甲에 대하여 감독책임을 인정하였을 뿐만 아니라 상임이사가 중도금 대출에 대해서는 주도적으로 개입하였기에 정직 징계 결정이 타당하다고 한 사안입니다. 즉 조합의 피해액이 몇 십억 단위이며 회복되지 않고 있다면 상임이사는 실무상 상시 업무의 감독책임 등으로 인하여 정직 등의 징계 처분을 받을 가능성이 있다는 사실을 확인시켜 준 판결입니다.

후순위대출 부적 및 사적금전대차

〈전주지법 2017가합○○○○
직무정지무효확인, 원고 甲, 피고 A신협, 피고보조참가 신협중앙회〉

1. 징계

  A신협 이사장 甲은 2010년 2월부터 근무하던 중 B가 보유한 2억원의 후순위채권을 C가 양수하는 과정에서 2013년 9월 초순경 5천만 원의 금원을 C에게 대여하였으며 그 후 2014년 2월에 이사장직에서 퇴임하였습니다.

  신협중앙회는 2016년 10월에 정기검사를 실시한 후 2016년 12월에 甲에 대하여 '후순위차입금 조성 부적 및 사적금전대차'를 사유로 직무정지 1월의 조치요구를 하였고, A신협은 2016년 12월에 직무정지 1월의 징계처분을 하였습니다.

2. 판결 : 기각

  甲은 2017년 3월 직무정지무효확인 청구의 소송을 전주지방법원에 제기하였는데 그 내용은 즉 첫째, 甲이 주장하는 후순위 채권 양수 행위는 징계사유인 후순위차입금 조성 부적 행위에 해당되지 않으며, 둘째, 5천만원을 C에게 지급한 것이 후순위차입금을 공동으로 인수한 행위(대가)에 불과하고 금전대차가 아니라는 것입니다.

이에 재판부는 후순위차입채권을 양수함에 있어 직원의 금원이 제공된 것도 후순위차입금 부당 조성에 해당되고, 이를 위한 양수시 금원을 지급함으로 인한 차용증 등을 통해 사적금전대차에 해당된다는 사실을 인정하여 원고의 청구를 기각하였습니다.

3. 사안의 검토

본 사안은 후순위차입금 부당 조성 및 사적금전대차 등 금지행위에 대한 탈법적인 방법에 대해서도 징계 규정을 적용할 수 있음을 판시한 것입니다.

후순위차입금 조성 부적은 조합으로부터 후순위차입금 조성을 위하여 대출을 받았다는 사실을 요하는데 이례적인 금전거래를 위한 대차 방법이 동원되고 선례가 확립되지 않은 경우에는 설득력 있는 증거 자료와 치밀한 논거를 확보하여 후순위 차입금 조성부적 사실을 제시하는 것이 사안의 해결에 있어서 필요하다고 할 것입니다.

계약사무관리 부적

〈인천지법 2016가합○○○, 서울고법 2017나○○○○

정직처분 무효 확인, 원고 甲, 피고 신협중앙회 〉

1. 징계

A신협은 2015년 10월 인천시 소재 A신협 본점 부지와 건물을 매도하였는데, 신협중앙회는 위 부동산 매매에 대한 이사회 결의 전에 매매계약이 체결되어 관련 규정 위반하였기에 2016년 1월 계약 사무 관리 부적절 등을 이유로 당시 상무 甲에 대하여 정직 2월의 징계조치를, 차장 乙에 대하여 정직 1월의 징계조치를 A신협에 요구를 하여, A신협은 2016년 1월 임시 이사회를 통해 甲에 대한 정직 2개월을 의결하였습니다.

2. 판결 : 인용

甲은 2016년 2월 인천지방법원에 신협중앙회가 甲에 대하여 한 정직처분은 무효임을 확인한다는 내용의 소송을 제기하였습니다.(참고로 甲은 2015년 11월 A신협의 상무의 직에서 사직한 후, 2016년 1월 A신협 조합 이사장으로 당선되었으며, 이사장직을 유지하고자 2016년 3월 검사결과 통보 및 조치 요구의 효력을 정지시키는 내용의 효력정지가처분 신청서를 법원에 제출하여, 2016

년 6월에 인용결정을 받아 이사장직을 유지하며 소송을 진행하였습니다.)

甲은 징계에 대응하기 위하여 甲은 수의계약 체결, 법인 인감 무단 사용, 계약금 임의 보관 등은 모두 乙의 단독 행위에 의한 것이고 甲은 관여한 사실이 없다고 주장하였으나 1심 재판부는 甲에 대한 계약 체결 전 이사회 결의 부재 등으로 징계사유에 해당된다고 판단하였습니다.

그 와중 A신협은 甲 등을 고소하였으며, 甲은 2016년 10월 인천법원에서 대리인 자격을 모용하여 매매계약서를 작성하였다는 이유 등으로 1심에서 벌금 100만원의 유죄 판결이 선고되었으나, 2017년 3월에 2심인 항소심 재판부에서 피고인 甲에 대한 자격모용사문서작성 및 자격모용작성사문서행사죄에 대하여 무죄를 선고하였고, 2017년 7월 대법원은 甲에 대하여 무죄를 확정하였습니다.

이러한 결과를 토대로 2심 민사 재판부는 자산관리규정 등을 위반 등에 의거한 계약사무관리부적 등의 징계사유가 존재하지 않는다고 하여 징계가 무효이어서 원고 청구 인용 판결을 선고하였습니다.

3. 사안의 검토

甲에 대한 형사 1심에서 유죄 판결의 결과 등을 근거로 민사 1심 재판부에서도 징계조치가 정당하다고 판단을 하였으나, 민사 항소심 재판부에서는 형사 2심에서 甲에 대한 무죄 판결의 결과를 토대로 사실관계를 다시 검토하여 징계조치가 부당하다는 결론을 내렸습니다. 징계 사유가 형사 구성요건과 전부 일치하지는 않으나 사실관계의 쟁점이 중복되며 이에 대하여 형사법원에서 사실관계를 확인하여 판단하였다면 이러한 기초 사실을 토대로 징계사유에 대해서도 민사법원은 동일하게 판단하는 경향이 있다는 것을 다시 한 번 확인시켜준 사안입니다. 징계 사유를 병합하여 형사 고소로 진행된 사안에서는 징계 사유 정당성을 확보하기 위해서는 징계대상자인 피고인에 대한 형사사건에서 유죄 판결이 내려지도록 각별히 신경을 써야 할 것입니다.

개인정보처리업무 불철저 등

〈창원지법 2016가합○○○, 부산고법(창원) 2017나○○○○

조치무효확인 등, 원고 甲, 피고 신협중앙회, A신협〉

1. 징계

A신협 전 차장 甲은 1993년 12월에 입사하였다가 2015년 10월 퇴직하였습니다. 신협중앙회는 2016년 1월 甲에 대하여 첫째, 개인정보 처리업무 불철저 둘째, 업무상 횡령 등을 이유로 징계처분을 할 것을 요구하였으며, A조합은 甲을 2016년 1월에 징계면직처분을 하였습니다.

2. 판결 : 인용

甲은 2016년 2월 신협중앙회 및 A신협을 상대로 징계조치요구 및 징계면직처분이 무효임을 확인하는 내용의 소송을 제기하였습니다. 재판부는 징계사유 중 첫째, 개인정보유출의 점에 있어서 조합원의 개인정보가 담긴 파일을 승인받지 않고 이동저장매체에 복사한 것을 인정하였으나, 관련 형사사건에서 무혐의 처분을 받았다는 내용 등을 통해 업무 외 목적으로 조합원 명부가 담긴 파일을 복사할 아무런 증거가 없으며, 둘째, 업무상 횡령의 점과 관련하여 특수채권변제의 명목으로 2000만원 상당을 받았으나 관리권을 주범인 전무 乙에게 넘겨준 사실이 있으나 회수받은 채권을 개인 계좌로 관리하였다는 사실만으로도 징계사유가 있다고 판단하였습니다. 다만 징계재량권 일탈 남용과 관련하여서는 개인정보보호절차를 준수하려고 노력한 점 및 乙이 유용한 돈을 모두 변제한 점 등을 고려하여 면직징계처분이 재량권을 일탈하거나 현저하게 남용한 것으로서 위법하여 무효라고 판시하였습니다.

3. 사안의 검토

A신협에 대한 청구에 대하여 징계사유 중 개인정보유출의 점과 관련하여 조합원 명부를 USB에 저장한 사실은 인정되나 외부로 유출한 사실이 없어 형사수사 결과 무혐의 결정이 났으며 횡령의 점에 대해서도 주범인 전무는 혐의가 인정되었으나 종범인 甲에 대해서는 다른 계좌로 받은 사실 이외에 직접적으로 가담한 사실이 없다고 형사 판단을 받았기에 이러한 기초 사실이 민사인 징계 대상 사실 및 양형에 영향을 끼쳤습니다.

본 사안은 개인정보유출 및 횡령의 징계 사유 해당 가능성을 판시함과 동시에 징계 사유뿐 아니라 징계 재량권 행사에 있어서도 민사 사건이 형사 사건과 많은 관련성이 있다는 것을 다시 한 번 확인시켜주었습니다.

임시이사장 해임

〈대전지법 2016가합○○○○ 대전고법 2017나○○○○ 대법원 2017다○○○
해임무효확인, 원고 甲외 1, 피고 신협중앙회〉

1. 징계

신협중앙회는 2014년 5월, A신협에 甲은 임시이사장, 乙은 임
시부이사장으로 선임하였는데 이들 임시이사장 및 임시부이사장
이 임시총회를 개회하지 않는 등의 사유 등으로 인하여 2016년 1
월 임시이사장 및 임시부이사장을 각 해임하였습니다.

2. 판결 : 기각

甲과 乙은 신협중앙회가 임시이사장 등에 대한 해임 처분에 불
복하여 2016년 4월 무효확인 소송을 제기하였는데, 소장을 통해
첫째로 신협중앙회는 임시이사의 선임 권한은 있으나 해임권한
은 없으며 둘째로 해임사유가 존재하지 않는다는 것 등을 주장하
였습니다. 이에 대하여 재판부는 첫째, 임시임원을 선임할 권한
이 있다면 해임할 권한도 존재하는 것이며 둘째, 위임계약의 특
성상 별도의 해임사유가 존재하지 않는다고 하더라도 해임이 가
능하다고 하여 원고 패소 판결을 선고하였으며, 원고들은 2017년
3월에 항소하였으나 고등법원 재판부도 1심의 판단에 부가하여

첫째로 신용협동조합중앙회가 단위 개별 신용협동조합을 지도 감독할 수 있는 권한을 부여하였는데 해임할 수 없다고 한다면 그 취지를 몰각시키게 되며, 둘째로 총회의 결의에 의해 선임되지 않은 임원은 해임에 있어서도 총회의 결의가 필요하지 않다고 봄이 타당하다는 이유 등으로 항소를 기각하였습니다. 이에 원고들은 상고를 하였으나 심리불속행 기각되었습니다.

3. 사안의 검토

신용협동조합법 제89조 제7항 제2호에 따르면 임시이사의 선임에 관한 규정은 있으나 해임에 관한 규정은 별도로 정하여진 바가 없어 다툼이 진행된 사안입니다. 다만 선출직 임원과 달리 선임된 임원에 대하여는 신용협동조합중앙회의 광범위한 재량권을 인정할 수 있을 것이나 명확하게 법률의 규정이 없다면 다툼의 여지는 여전히 남아있습니다. 신용협동조합과 관련된 소송 중에는 해결의 실마리가 신용협동조합법에 기인한 것이 많으며, 관련 법률 해석이 사실관계의 확인 못지않게 중요하다는 것을 확인시켜 준 사안이었습니다.

징계시효

〈서울행정 2017구합○○○, 서울고법 2017누○○○○
부당징계구제재심판정취소, 원고 A신협, 원고보조참가 신협중앙회,
피고 중앙노동위원장〉

1. 징계

A신협은 2016년 6월. 징계위원회를 거친 후 같은 달 甲외 5인에게 징계처분을 하였습니다.(사적금전대차로 甲은 감봉3월, 사적금전대차로 乙은 정직 1월, 사적금전대차로 丙을 정직 1월, 사적금전대차로 丁은 정직 1월, 사적금전대차 및 사적거래로 戊는 정직 6월, 사적금전대차 및 금전거래로 己은 정직 6월) 甲외 5인은 2016년 7월 서울지방노동위원회에 부당해고구제신청을 제기하여 2016년 8월 징계시효 도과 등을 이유로 부당해고라는 판정을 받았으며, A신협은 2016년 10월 재심을 신청하였으나, 중앙노동위원회는 2016년 12월 재심신청을 기각하였습니다.

2. 판결 : 甲 인용, A신협 기각

중앙노동위원회 판정에 불복하여 A신협은 행정법원에 2017년 2월 부당해고구제재심판정 취소를 구하는 소송을 제기하였으며 신협중앙회는 보조참가하였습니다. 재판부는 A신협의 징계규정

상의 2년의 징계시효가 도과되었다는 이유 등으로 2017년 9월 A 신협의 청구를 기각하는 내용의 판결을 하였습니다. 행정법원의 판결 불복하여 A신협은 서울고등법원에 2017년 9월 원심의 판결을 취소할 것을 구하는 내용의 항소를 하였으나 항소심 재판부는 2018년 3월. 항소를 기각하는 내용의 판결을 선고하였습니다. A 신협 및 신협중앙회는 징계시효는 신협중앙회의 징계조치요구권의 일환으로 위임규정이 없이 A신협 독단적으로 규정할 수 없는 것으로서 징계권이 형해화됨 등을 주장하였으나 재판부는 징계시효 조항은 신협중앙회의 징계요구권 자체를 부정하는 것이 아니며 신협중앙회는 장기간에 걸쳐 정기검사와 부분검사를 실시하였고 신협법에는 징계시효에 관한 조항의 제정을 금지하는 규정이 있지 않고 신협중앙회는 일정기간 이하로 정할 수 없다고 하여 지도 감독권이 형해화될 가능성은 존재하지 않는다는 이유 등으로 기각 판결을 하였습니다.

3. 사안의 검토

현재는 신용협동조합검사및제재에관한규정시행규칙 상 징계시효 규정을 두어 위와 같은 논쟁이 발생하지 않도록 조치를 한 상태입니다.

징계 사유 발생시 징계권의 행사가 징계 소멸 시효가 도과되지 않았는지 확인하여야 함을 알려준 사례입니다. 아무리 중한 징계 사유가 존재한다고 하더라도 징계시효가 도과된다면 징계할 수가 없기에 징계제재시 징계 시효 문제가 없는지 우선 살펴보아야

하며 이를 위해 기산점을 잘 설정하고 징계사유가 그에 해당되는
지를 면밀히 따져보아야 할 것입니다.

대출금 사후관리 부적 등 감독 소홀

〈대전지법 2014가합○○○○
징계무효확인, 원고 甲, 피고 신협중앙회〉

1. 징계

A신협은 주식회사 B사에 대출을 실시하였으며 담보로 B회사의 부동산에 저당권을 설정하였는데 저당권이 설정된 부동산이 수용이 되어 수용보상금을 B사가 받게 되자, 토지수용위원회는 위 수용보상금에 대하여 압류 등 조치를 할 것을 A신협에 공문으로 통지를 하였습니다. A신협 담당직원 乙은 이를 간과하여 법적인 조치를 취하지 않고 관련 공문서를 파기하여 대출금 회수를 하지 못하였으며 이에 대하여 신협중앙회는 징계면직조치 요구를 하였으며 그 관리감독책임자인 전무 甲에 대해서도 정직3월 상당의 징계조치 요구를 하였습니다.

2. 판결 : 기각

징계에 대하여 甲은 대전지방법원에 징계무효확인의 소송을 제기하였는데 재판부는 5억원이 넘는 대출금이 회수되지 않는 등 중대한 재산상의 손실을 초래하였으며, 甲이 채권확보조치를 취하지 않은 것은 중과실이고 실제 행위자는 아니지만 수용재결 정본서에 결재를 하는 등 사실을 알았음에도 불구하고 적절한 감독을 하지 않는 등으로 책임이 있다고 판시하여 甲의 청구를 기각하였습니다.

3. 사안의 검토

본 사안은 채권회수조치를 부실하게 한 경우 관리 감독자의 책임 기준을 판시하였다는데 의미가 있습니다. 즉 감독자는 채권 회수에 있어서 적절한 조치를 취하여야 할 주의 감독 의무를 지는데, 감독자의 책임을 감경하기 위해서는 감독 주의 의무를 성실히 행하였다는 것뿐 아니라 양형자료로서 피해 보전이 이루어져야 할 필요성이 있습니다. 사안처럼 담보로서 부동산에 저당권을 설정한 경우, 부동산이 수용 등으로 멸실되었을 때 사전에 물상대위 조치를 하여 조합의 손실을 방지하여야 하며, 평소 금융 사고 예방 교육을 실시할 뿐만 아니라 감독자는 이를 수시로 검토 지시하고 이를 문서로 남겨야 감독 의무를 충실히 이행했다고 판단 받을 수 있을 것입니다.

사직합의 및 즉시면직

〈청주지법 □□지원 2015가합○○○○ 대전고법(청주) 2015나○○○○

해고무효 확인, 원고 甲, 피고 A신협〉

1. 징계

A신협 직원 甲은 폭력행위 등 처벌에 관한 법률 위반으로 형사처벌을 받았는데 이는 즉시면직 사유에 해당되나 A신협은 즉시면직 대신 甲의 사직서를 받았습니다.

2. 판결 : 기각

甲은 사직서 제출은 A신협의 강요 또는 기망에 의한 것으로서 취소하고 A조합의 조치는 해고이므로 법원에 이에 대한 무효 확인 소송을 제기하였습니다. 재판부는 징계절차가 개시되기 전에 사직서를 제출한 점, 사직서를 제출하여 징계처분을 받지 않는 것이 향후 복직 또는 재취업에 유리하다는 것을 알고 경제적인 불이익을 받지 않을 방법을 선택하였다는 점 등을 들어 해고가 아닌 근로관계의 합의에 의한 종료로 판단하였습니다. 또한 직권면직 조항은 유효하므로 무효임을 전제로 한 착오 주장은 더 이상 이유 없고 기망에 대한 증거는 부족하다고 판시하였습니다.

3. 사안의 검토

본 사안은 직권면직을 하여야 할 사안임에도 불구하고 이를 회피할 목적으로 사직서를 제출한 것에 대하여 무효를 주장했던 사안입니다. 직권면직시 징계처분절차에 의하지 않은 경우 이를 거치지 않더라도 직권면직이 무효는 아니나 직권면직도 해고의 일환으로 정당한 이유가 있어야 합니다.

직권면직이 된다면 면직 규정의 근거성 및 면직 사유 해당성뿐만 아니라 규정에 근거한 개개의 처분이 정당한 이유가 있는지 즉 재량권 일탈 남용 등도 면밀히 살펴볼 필요가 있다고 할 것입니다.(대법원 2009. 3. 26. 선고 2008다62724 판결 참조)

출자금 임의입금

〈대전지법 2017구합○○○○ 대전고법 2018누○○○○

부당해고구제재심판정취소, 원고 甲, 피고 중앙노동위원장,

피고보조참가 A신협〉

1. 징계

甲은 A신협 B지점장으로 근무하면서 2015년 10월 기간 중 상임이사장 선거에 개입하여 승진 등 사적인 이득을 얻을 목적으로 지점에 근무하는 乙 등 직원 몇 명에게 선거권이 없는 출자 1좌(3만원) 미만의 조합원 200여 명의 명단과 동 조합원들의 출자 1좌를 충족시킬 금액(총 약 400만원)을 주고, 조합원의 동의 없이 출자금을 임의로 입금시키도록 지시한 사실 등의 사유로서 징계면직 처분을 받았습니다.

2. 판정

가. 지방노동위원회 : 인용

甲은 2017년 5월 지방노동위원회에 부당해고 구제신청을 제기하였습니다. 지방노동위원회는 징계사유에는 해당하나 원고의 비위행위가 조합에 중대한 손실을 초래하거나 조합의 경영을 심

히 위태롭게 하였다고 보기 어렵고 결과적으로 선거결과에 직접적인 영향을 미쳤다고 보기 어려운 점 등을 종합하여 면직에 해당하는 징계양정이 과하여 징계처분은 부당하다고 2017년 6월 구제신청에 대한 인용 판정을 하였습니다.

나. 중앙노동위원회 : 기각

A신협은 2017년 7월 지방노동위원회 판정에 불복하여 재심을 신청하였습니다. 중앙노동위원회는 비위행위가 승진이라는 사적 이익을 편취하기 위한 잘못된 동기에서 비롯되었고, 부하직원을 이용하여 선거결과를 왜곡할 가능성이 있는 위법 부당한 출자금 대납을 지시하였으며, 출자금 대납지시로 인한 형사처벌을 받은 사실 등을 고려하여 징계 재량권의 범위 내에 있는 정당한 징계처분에 해당된다고 판정하였습니다.

3. 판결

가. 지방법원 : 기각

甲은 중앙노동위원회의 판정에 불복하여 2017년 10월 지방법원에 부당해고구제재심판정취소 소송을 제기하였습니다. 재판부는 첫째로 甲이 출자금을 임의로 입금시킨 행위는 형법 제314조 제1항 소정의 업무방해죄에 해당하는 행위로서 A신협의 선거관리 업무를 방해하는 고의의 위법행위를 행하여 신용질서를 크게 문란시킨 경우에 해당하며 둘째로 실제 선거 결과에 끼친 영향이 적다거나 징계전력이 없이 장기간 근무하였다고 하더라도 징계 면직이 사회통념상 현저하게 타당성을 잃어 징계권자에게 맡겨진 재량권을 남용한 것이라고 인정하기 어렵다는 이유 등으로 원고의 청구를 기각하였습니다.

나. 고등법원 : 기각

재판부는 노동위원회가 징계사유로 인정한 사실관계가 특정 법령에 위반된다는 점이 포함된 내용을 전제로 하여 징계 면직이 부당해고에 해당되지 아니하다고 판단하였으나 이후 형사 절차에서 특정 법령 위반 부분이 유죄로 인정되지 아니한 결과 노동위원회의 법령 해석 적용에 일부 잘못이 있는 것으로 밝혀진 경우라 하더라도 징계위원회가 징계사유로 삼은 사실관계가 인정되고 그러한 사실관계가 다른 법령 위반 또는 규정 위반에 해당하여 징계면직이 여전히 부당해고에 해당된다고 볼 수 없는 경우에는 재심판정의 이유로 설시한 법령과 규정의 해석 적용이 일부 적절하지 않다는 사정만으로 당연히 재판 판정이 위법하게 된다고 볼 수 없다는 이유 등으로 항소를 기각하였습니다.

4. 사안의 검토

본 사안은 직원이 이사장 당선을 위하여 금원을 제공하여 선거권을 임의로 부여한 행위 등 선거에 개입한 사안에 대하여 심리하여 판단한 사건입니다. 甲과 A신용협동조합 및 신용협동조합 간에 첨예하게 다투어져 지방노동위원회에서는 甲의 청구가 인용되었다가 다시 중앙노동위원회에서는 기각된 후 법원에서도 다시 기각되었으며 형사상 신용협동조합법 선거개입 위반죄 및 형법상 업무방해죄로 고소하였으나 업무방해죄만 인정되는 등 우여곡절이 많은 사안이었습니다. 결국 법원은 특정인을 당선되게 하거나 그렇지 않게 하기 위한 행위 목적이 인정되지 않는다고 하더라도 선거에 개입하기 위한 사실 행위는 인정되며 개인적 이익을 위하여 조합의 의사결정구조에 변경을 초래하는 행위를 한 것에 대해 비난 가능성이 매우 크다고 보아 조합 선거 과정의 개입에 대한 징계면직이 정당하다고 판단하였습니다.

타인명의 대출 취급

〈대전지법 2017구합○○○, 부당해고구제재심판정취소,
원고 甲, 피고 중앙노동위원장, 피고보조참가 A신협〉

1. 징계

甲은 2007년 5월 A신협 직원으로 입사하여 근무하던 중 첫째
로 2011년 11월 채무자에게 담보대출을 실행하면서 담보물을 과
대평가하여 5000만원의 대출원금의 손실을 야기하였고, 같은 해
11월 담보물을 임의로 말소한 사실로서 담보대출취급을 부적절하
게 하였으며, 둘째로 2014년 2월 본인의 전세자금을 마련하기 위
하여 법무사 사무장 乙의 명의를 차용하여 3000만원을 대출받아
사용하였는데 이 과정에서 직원에게 부당하게 예금 인출을 하도
록 지시하는 등으로 타인명의 대출 취급을 부적당하게 하였으며,
셋째로 2010년 12월부터 2015년 4월까지 직원으로 하여금 근거
없이 본점 여신 업무를 담당하도록 하여 순환 근무 요건을 위배
하도록 하였고, 넷째로 부적절하게 간부 직원으로 승진한 후 부
적격 간부 근절 지도에 의거 2011년 임면이 취소되었음에도 불구
하고 수당 800만원을 부당하게 지급받는 등으로 내부통제 부적
및 인사관리 부적절한 행위가 있었으며, 다섯째로 조합 예금 미
거래자에 대한 주소관리를 부당하게 처리하며 편법적으로 조합
원의 주소를 임의로 변경하였다는 사유 등으로 2016년 12월 징계

면직처분을 받았습니다.

2. 판정

가. 지방노동위원회 : 인용

甲은 2017년 2월 지방노동위원회에 부당해고 구제신청을 하였습니다. 지방노동위원회는 징계사유 및 징계절차는 정당하나 징계양정과 관련하여 타인명의 대출은 인정되나 직위를 부당하게 이용한 것이 아니고 이로 인하여 경영이 위태롭게 된 것은 아니므로 면직에 해당하는 징계양정이 과다하다는 등으로 징계권을 남용하였다고 판시하여 2017년 3월 구제신청에 대한 인용 판정을 하였습니다.

나. 중앙노동위원회 : 기각

A신협은 2017년 4월 중앙노동위원회에 초심판정의 취소를 구하는 재심을 신청하였습니다. 이에 대하여 중앙노동위원회는 첫째로 이 사건 업종이 금융기관이라는 특수성과 근로자의 지위를 고려할 때 근로자의 비위행위는 고의 또는 중대한 과실로 위법 부당한 행위를 행함으로써 조합의 신용질서를 크게 문란시켰을 뿐만 아니라 둘째로 조합의 운영을 심히 위태롭게 한 경우에 해당되는 등으로 비위행위에 비하여 양정이 과다하다고 볼 수 없어 2017년 7월 지방노동위원회의 판정을 취소하고 근로자의 초심 구

제신청을 기각하는 판정을 하였습니다.

3. 재판 : 인용

　甲은 중앙노동위원회의 판정에 불복하여 2017년 8월 지방법원에 부당해고구제재심판정취소 소송을 제기하였습니다. 재판부는 해고사유와 관련하여 담보대출 취급 부적정, 내부통제 불철저 및 인사관리 부적정, 부당업무처리에 관한 징계사유는 인정되나, 대출 관련하여 실질적으로 명의자가 대출당사자라는 이유로서 타인명의 대출취급의 징계사유는 인정하지 않았으며 이로 인하여 인정된 징계사유만으로는 사회통념상 고용관계를 계속할 수 없을 정도는 아니어서 징계재량권의 남용이라고 판시하였습니다.

4. 사안의 검토

　본 사안은 여러 가지 징계 사유가 존재하였으나 그 중 타인명의 대출이 주요 쟁점으로 된 사안으로서 지방노동위원회에서 징계양정이 과다하다고 판단한 반면 중앙노동위원회에서는 징계양정이 과다하지 않다고 판정하였습니다. 법원에서는 형식적 명의자에 대한 대출이 타인명의 대출이 아니라고 판단하였습니다. 결론이 나눠지는 것에서 보듯이 징계사유에 있어서의 타인명의 대출과 자기 명의 대출 후 금전 대여는 구분하기가 쉽지 않습니다. 신용이 불량한 자가 다른 우량신용자를 내세워 대출을 한 경우 그 대출금 소유 귀속 관계는 원칙적으로 대출명의인에게 있으며 그에 대한 대출 책임도 명의인이 부담하나 이를 타인명의 대출로서 징계 사유가 될지 여부는 또 다른 판단 문제입니다. 본 사안은 실제 대출자가 조합 직원인 점에서 징계가능성이 있으며 대출 당시의 정황에 따라 판단이 달라질 수도 있을 것입니다.

경영개선계획 양해각서

〈서울남부지법 2018가합○○○
이사회 결의 무효 확인, 원고 甲, 피고 A신협〉

1. 징계

가. 감사에 따른 조치요구

신협중앙회는 2016년 7월 A조합에 대해 정기감사를 실시하여 2016년 12월 담보대출취급 부적 등의 감사결과를 통보하였으며, 이를 근거로 A신협은 2017년 1월 이사회를 통하여 상무 甲에 대하여 견책 및 변상금 약 4,000,000원을 결의하였습니다.

나. 경영개선계획에 따른 조치요구

신협중앙회는 순자본 비율 실적 등에 관한 경영개선계획 미이행을 이유로 2016년 11월 실무책임자(甲)의 사직 조치하도록 요구하였으며, A신협 이사회는 2017년 1월 실무책임자 교체, 직책수당 20만원 삭감, 상여금 300% 반납, 2018년 8월까지 순자본비율 1.69% 미달성시 사직조치하기로 결의하였습니다.

2. 판결 : 인용

甲은 위와 같은 결의가 무효라는 이유 등으로 서울남부지방법원에 2018년 1월 이사회 결의 무효 확인의 소송을 제기하였습니다. 재판부는 2018년 8월에 원고의 청구를 인용하는 선고를 하였습니다. 그 이유인 즉 첫째, 감사에 따른 징계 결의(견책 및 변상조치)와 관련하여서는 실체적인 면에서 사고보고 위반을 제외한 다른 징계사유(담보대출취급 부적)를 감안하면 결의가 재량권을 일탈 남용하였다고 보기 어려우나 절차적 측면에서 사전 통지 등 규정된 절차를 이행하였다고 볼 만한 증거가 없어 무효이고, 둘째, 경영개선계획에 따른 결의 무효 결의(실무책임자 교체, 사직조치)에 대하여는 임직원을 사직시키거나 직책수당 삭감 등 불이익조치를 하려면 '징계면직' '감봉'과 같은 징계조치를 하여야 하고, 양해각서 규정은 조합과 신협중앙회가 당사자로서 직원에게 그 효력이 미친다고 볼 수 없으며, 순자본비율 2%를 달성하지 못한 것은 인력 및 조직 운영 개선 등을 권고할 수 있을 뿐 특정 임직원의 책임으로 보기 어렵다는 이유 등이었습니다.

3. 사안의 검토

1심 재판부의 판결 중 사실 관계가 실제와 불일치한 부분이 있습니다. 징계와 관련하여 신협중앙회와 개별 단위 조합의 관계상 신협중앙회의 징계조치요구절차와 조합의 징계의결절차로 나누어져 있는데 이에 대하여 각각 요구되는 절차가 상이하다는 것입

니다. 또한 경영개선조치요구서 상의 미이행에 대한 사직이 징계
해고가 아닌 합의 사직 내지 조건부 사직에 해당될 가능성도 있
으므로 유사 사안에서는 다른 결과가 도출될 여지도 있습니다. 경
영개선명령에 따른 불이행에 의한 조치를 단행함에 있어서 면밀
한 법적 절차를 구성하여 진행하여야 할 필요성이 있다고 할 것
입니다.

징계요구처분 취소 행정소송

〈대전지법 2014구합○○○

징계요구처분취소, 원고 甲, 피고 신협중앙회〉

1. 징계

신협중앙회는 2013년 6월 A조합에 대해 부문검사를 실시하여 2013년 9월 A신협의 전무 甲에 대하여 첫째, 동일인 대출한도 초과취급, 둘째, 직원대출 취급 부적 및 유효담보가 초과, 셋째, 신용대출 취급 부적을 이유로 정직 1월의 징계조치를 취할 것을 A조합에 요구하였습니다.

2. 판결 : 기각

甲은 위와 같은 징계조치요구가 위법 부당하다는 이유 등으로 대전지방행정부에 2014년 1월 징계요구처분취소의 소송을 제기하였습니다.

재판부는 행정 절차상 사전통지절차를 거쳤으며 처분사유로서 동일인 대출로서 동일인 대출 초과한도 대출이라는 사실이 인정되며, 대출이 고액이며 대출의 편중으로 인하여 손실의 발생 위험 등을 고려하여 처분의 재량 일탈 남용이 없다고 판시하였습니다.

3. 사안의 검토

본 사안은 특이하게 징계조치무효가 아닌 징계요구처분취소로서 행정소송절차로 사건이 진행되었습니다. 신용협동조합중앙회의 징계조치요구가 행정처분인지 여부에 관하여 명확하게 확립된 바가 없으며 조합 이사장 출마 제한 등으로 그 효력 면에서 행정처분과 유사한 결과를 야기하기에 행정소송절차를 통해 판단한 것으로 보입니다. 만약 금융위원회 등의 요구조치에 의거 위임받아 신용협동중앙회가 징계권을 행사한다면 행정처분으로 될 가능성이 있으나 현재는 징계조치에 대하여 직접 행정법원에서 취급하는 경우는 드물고 신용협동조합중앙회 자체적인 감사 등에 의거 징계조치 요구에 대한 소송은 거의 대부분이 민사법원에서 무효확인 소송 등으로 다투어지거나 또는 노동위원회를 거쳐 행정법원에서 판단되어지고 있습니다.

징계위원 제척

〈대전고등 2017누○○○○ 부당해고구제재심판정취소,
원고 A신협, 피고 중앙노동위원장, 보조참가 甲〉

1. 징계

甲에 대한 징계사유는 첫째, 조합의 임직원은 선거에 부당한 영향력을 행사 기타 선거결과에 영향을 미치는 행위를 하여서는 아니 됨에도 불구하고 甲은 특정인을 비방하고 제3자의 이익도모 및 개인의 명예를 훼손하는 호소문을 작성하고 부하직원을 강제로 동원하고 외부에 유출하여 선거에 부당한 영향력을 행사하였으며 둘째, 총무과에 부당지시로 법인카드를 사용케 하여 고의적으로 물건을 구매하는 등 내규(위임전결규정) 위반하였다는 것입니다. 이에 A조합으로부터 2015년 10월 면직의 징계처분을 받았습니다.

2. 판결 : 甲 인용

A조합은 법정에서 첫째, 절차적 하자 관련 제재심의위원회를 개최하지 않고 甲을 징계할 수 있으며 둘째, 인사위원회가 아닌 이사회에서 의결한 것이 취업규칙을 불리하게 변경한 경우에 해당되지 않고 방어권을 충분히 보장하여 서면 통지를 위반하지 않

았으며 셋째, 이해당사자인 乙 이사장이 이사회에 참석하여 징계하였다고 하더라도 이는 적법하다고 주장하였습니다.

이에 대하여 재판부는 첫째, 제재심의위원회는 신협중앙회에서 조합 등의 제재를 심의하는 것으로서 조합 자체에서 이를 개최하지 않고 징계하는 것이 가능하며, 둘째, 인사위원회 운영규정을 폐지하여 인사위원회에서 징계하던 것을 이사회에서 결의하였다고 하더라도 절차 및 제반 규정을 고려할 때 인사위원회에서 심의하든 이사회에서 심의하든 어느 경우가 더 불리하다고 단정할 수 없고 甲이 이사회가 개최되기 이전에 징계사유를 잘 알고 있었으므로 방어권 행사에 장애가 없었다고 판단하였습니다. 다만 이사장 乙에게 이 사건 징계처분 의결에 관한 제척 사유가 있었는지 살펴보면 신협제재규정에서 직접적인 이해관계가 있는 사항은 심의에서 제척된다고 규정하고 있으며 인사규정에서는 신협협동조합검사 및 제재에 관한 규정 및 동 시행규칙에 정한 바에 따라 징계한다고 규정되어 있어 이 사건 규정이 적용되며 징계사유에 관계있는 자를 모두 징계위원에서 제척시키려는 강행규정적 성격을 가지고 있어 이사장 乙이 甲의 징계사유가 乙에 대한 비위자료 수집 등으로서 공정중립의무 위반으로 인하여 심의 절차에서 제척되어야 함에도 참여하였기에 절차상 하자가 있으며 일부의 징계사유에 있어 절차적 하자가 있다면 그 전체가 무효가 되며 실체적 하자와 관련하여서도 위임전결규정을 위반하여 한 면직처분은 재량권 일탈 남용의 위법이 있다고 판단하였습니다.

3. 사안의 검토

본 사안은 A조합에서 자체적으로 징계면직 처분을 하였으나 乙 이사장과 관련된 징계 사안 협의시 乙 이사장이 참석함으로 절차적 하자가 있으며 그 징계사유 이외의 사유로서는 면직이 과도하다고 본 것입니다.

조합이 자체적으로 징계를 함에 있어서 신협협동조합검사 및 제재에 관한 규정이 적용(준용)된다고 하더라도 제재심의위원회를 신협중앙회와 동일하게 구성할 필요는 없으나 인사위원회 역할을 하는 이사회 등에서 제재에 관한 규정에 의거 사전통지 및 징계위원 구성 등 규정에 부합하게 징계절차를 진행하여야 할 필요성이 있다는 사실을 판시하였다는 점에서 의미가 있다고 할 것입니다.

변상금

〈인천지방 2018나○○○○

손해배상(기), 원고 A신협, 피고 甲〉

1. 징계 : 변상금 부과

甲은 A신협 전무로서 여신업무방법서를 숙지하고 준수하여 대출을 실행할 의무가 있음에도 불구하고 이를 간과한 채 대출상한액을 초과하여 대출을 실행하여 그 결과 A조합이 대출금 55,000,000원을 회수하지 못하게 되도록 하였습니다. A조합은 전무 甲에게 39,000,000원을 이사장 乙에게 16,000,000원을 각 변상하라고 통지하였습니다.

2. 판결 : 일부 인용

재판부는 임직원은 여신업무방법서를 숙지하고 준수하여 대출을 실행할 의무가 있음에도 불구하고 甲은 이를 간과한 채 대출상한액을 초과하여 대출을 실행하였고 乙 도 이사장으로서 감독할 주의의무를 위반하여 A신협에 손해를 입혔으므로 공동하여 그 손해를 배상할 책임이 있다고 판시하였습니다.

다만 재판부는 A신협은 손해배상책임의 범위와 관련하여 조합이 회수하지 못한 금액 전액의 배상을 구하나 대출금 규정에 위반되지 않은 부분 전체를 원고가 입은 손해로 볼 수 없으므로 A조합원의 손해액은 규정을 위반하여 초과로 대출한 금액인 5000만 원을 기준으로 산정함이 상당하다고 하였으며(대법원 2015. 10. 29. 선고 2011다81213 판결 참조) 또한 손해의 공평한 부담이라는 견지에서 신의칙상 상당하다고 인정되는 한도 내에서 손해배상을 청구할 수 있는데(대법원 1996. 4. 9. 선고 95다52611 판결 참조) 제반 사정을 고려하면 손해액의 30%로 제한함이 상당하다고 판단하였습니다. 또한 손해배상 소멸시효와 관련하여서는 채무불이행에 따른 손해를 구하는 이 사건에서는 민법의 일반 규정에 따라 A조합의 손해 발생일로부터 10년이 경과하여야 소멸시효가 완성되었다고 할 것인데 이 사건 소송은 그 이전에 제기되었음이 기록상 명백하다고도 판시하였습니다.

3. 사안의 검토

본 사안은 변상금 부과의 기준을 명확하게 설시한 판결로서 의미가 있다고 할 것입니다. 즉 통상의 손해 범위는 규정을 준수하여 적정한 담보를 취득하여 대출하였더라면 회수할 수 있었을 미회수 대출원리금입니다. 또한 사업의 성격과 규모, 시설의 현황, 근로조건 및 근무태도 등을 고려하여 변상 책임의 범위를 제한할 수 있다는 것을 확인시켜 주었습니다. 더불어 채무불이행을 원인으로 한 청구권에 대한 시효완성의 항변이 받아들여지기 위해서는 기산점으로부터 10년이 도과되어야 하는데 실무상 이 요건을 충족하기는 쉽지 않아 보이기에 이 점도 주의할 필요가 있습니다.

변상금 이외의 손해배상

〈수원지방법원 ㅁㅁ지원 2015가단○○○

구상금 등, 원고 A신협, 피고 甲〉

1. 징계 : 변상금 부과

A신협은 甲이 기계의 매매 대금을 위한 대출을 실행하던 중 기계의 반입, 설치 여부 및 송금인의 의사를 확인하지 아니한 채 출금전표를 이용하여 2억 원을 송금하였다는 이유 등으로 2억 원가량을 배상할 것을 요청하였으며, 2014년 9월 이사회의 결의를 거쳐 甲에게 1천만 원을 변상할 것을 통보하였습니다. 이에 甲은 위 금원을 납부하였습니다. 그 후 A조합은 다시 甲에 대한 사용자 책임 배상액에 대한 구상채권을 근거로 甲에게 1억5천만원을 청구하였습니다.

2. 판결 : 기각

송금인의 정확한 의사를 확인하지 않고 제3자에게 송금한 행위는 중대한 과실로서 불법행위를 구성하고 그로인해 사용자 책임을 A조합이 부담하였기에 甲은 구상의무 내지 손해배상책임을 지는 것으로 볼 여지가 있다고 판단하였습니다. 그러나 다른 한편 피고가 A조합에서 내린 변상금 처분에 따를 경우 추가 책임을

묻지 않겠다는 의미로 이해되고 甲도 그렇게 알고서 재심청구를
포기한 채 변상금을 납부한 것으로 보이는 점 등을 종합하면 A조
합이 행한 변상처분은 甲의 이행으로 확정 종결되어 더 이상 구
상권을 행사하거나 손해배상책임을 물을 수 없게 되었다고 봄이
타당하다고 판시하였습니다.(대법원 1998. 10. 09. 선고 98다
18117 판결 등 참조)

3. 사안의 검토

본 사안은 A조합이 甲에게 변상금 부과처분을 하고 다시 별도
로 손해배상청구를 한 경우 재차 동일 사안에 관하여 직원에 관
한 책임을 묻기는 어렵다는 사실을 밝혀준 것으로서 임직원에 대
하여 변상금을 부과하는 경우 재차 손해배상청구를 할 수 없을 가
능성이 있다는 사실을 염두에 두고 금액을 산정 계산하여 부과하
여야 할 것입니다.

징계사유 제외

〈서울고등법원 2017누○○○ 부당해고구제재심판정취소,
원고 甲, 乙, 피고 중앙노동위원장, 피고보조참가 A조합〉

1. 징계

　신협중앙회는 A조합에 대하여 甲이 대출금 횡령, 금품수수 및 사적금전대차, 횡령(공통경비 부당사용 등) 윤리행동지침 미준수, 감독기관의 검사 방해 등의 사유로, 乙은 대출금 횡령 사적금전대차 횡령(공통경비 부당사용 등) 등의 사유로서 2015년 9월 징계조치요구를 하였으며 A조합은 甲에 대하여 징계면직 처분을 의결하였습니다. 수사기관은 2015년 9월 ○일 甲에 대하여는 업무상 횡령(공통경비 등)의 범죄혐의를 수사한 후 약식기소를 하였으나 甲의 나머지 업무상 횡령 혐의에 대해서는 증거불충분으로 불기소 결정을 내렸으며, 乙에 대한 업무상횡령 혐의에 대하여도 증거불충분으로 불기소 결정을 하였습니다. 이러한 결과를 토대로 甲과 乙은 신협중앙회에 2015년 10월 재심청구를 하였고 신협중앙회는 甲에 대하여는 2016년 1월에 재심청구를 기각하면서도 불기소처분 결과를 반영하여 대출금 횡령부분을 징계사유에서 제외하였으며 乙에 대해서는 2016년 10월 경 재심청구를 전부 기각하였습니다.

2. 판결 : 乙에 대하여 인용

재판부는 징계사유가 재심청구에 의한 심의위원회에서 인정된 사실부분에 한정한다고 판단하면서도 甲에 대하여는 윤리행동지침 미준수 부분 및 공통 경비 횡령액 중 일부만 인정되며 수사결과도 이러한 사실을 뒷받침한다고 판단하고 양형 재량권을 일탈하였다고 보이지 않는다고도 하였습니다. 乙에 대하여는 甲에 대한 불기소로 인한 징계 대상 사유와 동일한 징계 대상 사유에도 불구하고(甲에 대하여는 제재심의위원회에서 이러한 사유가 징계 대상에서는 제외하였음에도 불구하고) 불기소 된 사유를 乙의 징계 대상으로 유지하여 징계를 한 것은 합리적인 이유 없이 乙을 달리 취급하는 것으로서 평등의 원칙에 반한다고 하였기에 공통경비 등에 있어서도 일부 액수만이 사실로 인정되며 乙에게 징계면직 처분을 내린 것은 사회통념상 타당성을 잃어 징계권자에게 맡겨진 징계재량권을 일탈하거나 남용한 것으로 봄이 타당하다고 판시하였습니다.

3. 사안의 검토

재판부는 甲과 乙의 징계사유가 동일함에도 불구하고 甲에 대해서는 징계사유에서 제외시켰으나 乙에 대하여 제외시키지 않았다면 이에 대한 합리적 이유가 없는 한 평등원칙에 반한 징계처분으로서 위법하다고 보았습니다.

두 명 이상을 징계할 경우 징계 사유에 관한 판단시 불평등이 없어야 할 것입니다. 또한 징계사유를 인정함에 있어 대상을 확정하는 작업을 할 필요가 있으며 이를 위하여 선행 형사 처분이 있다면 이를 참작하여야 할 것입니다. 징계대상을 확정한 후에야 징계 사유의 타당성 여부를 심리하고 그 후에 양정에 관한 판단을 하여야 한다는 것을 다시금 확인시켜 준 판결이었습니다.

담보대출취급 부적

〈대전지법 2018구합○○○ 부당징계구제재심판정취소,
원고 甲, 피고 중앙노동위원장, 피고보조참가 A조합〉

1. 징계

A신협 전무 甲은 20○○년 7월. 채무자 乙에게 2억 원의 대출을 실행하면서 자체감정평가 시 공시지가 대비 최대 10배까지 평가하여 부동산에 관한 유효담보가를 1억 1,000만원 초과하여 대출하였으며, 이로 인하여 법원의 담보권 실행을 위한 경매(임의경매) 결과 1억 2,000만원(이자포함 1억 6,000만원)의 손실이 발생하도록 하였습니다.

또한 비업무용부동산 취득 부적절한 행위와 관련하여 비업무용자산을 취득하기 위하여는 매각절차 또는 공매절차에 참가할 경우에 전차의 최저매각가격 이상으로 참여하여 물건을 유입할 수 없음에도 20○○년 11월, 채무자 丙의 담보 물건을 전회차의 시가인 3억 5,000만원에서 6,000만원을 초과한 4억 1,000만원에 낙찰 받도록 하였습니다.

이에 따라 甲은 '담보대출 취급 부적' '비업무용부동산 취득 부적'의 징계 사유로 2017년 8월에 정직 1월 및 변상 처분을 받았습니다. 甲은 이에 불복하여 노동위원회에 구제신청을 하였으나 기각 판정을 받았기에 다시 법원에 불복하여 부당징계구제재심판정취소의 소송을 제기하였습니다.

2. 판결 : 기각

재판부는 甲이 별다른 자료를 확인함이 없이 토지들의 시가 추정액을 무려 6배가 넘는 금액으로 평가하였는데 위와 같은 담보물 평가에 있어서는 甲의 직무태만의 정도와 이로 인한 부실평가의 정도가 매우 중하다고 할 수 있으며 건물에 관하여 매수가격을 신고한 것은 여신업무 규정을 정면으로 위반한 것으로서 향후 위 건물의 가치가 상승하여 A조합의 손해를 회복할 수 있을 것이라고 볼 만한 사정이 있었다고 보기 어렵다는 이유 등으로 甲에 대한 징계가 적법하다고 판시하였습니다.

3. 사안의 검토

재판부는 甲의 담보물 과대평가 및 비업무용 부동산 취급 부적 징계에 대하여는 재량권 일탈 남용이 없다고 판단하였습니다. 또한 甲은 징계절차에 있어서 사전 통지시에는 경징계를 예상하였으나 제재심의위원회가 가중하여 1월의 정직처분을 내린 것이 위법하다고 주장하였으나 재판부는 변경의결이 제재심의위원회의 권한 범위를 넘는 의결이었다고 할 수 없으며 검사결과 조치 요구는 감독이사와 제재심의위원회가 스스로 할 수 있는 권한이 있다고 판단하였습니다.

사전통지시에 예상했던 징계가 제재심의위원회에서 변경 가중되었다고 하더라도 이는 제재심의위원회의 권한 범위 내에 속한 것이어서 이를 두고 절차 위반으로 주장하는 것은 이유가 없다는 것을 다시금 확인시켜 주었습니다.

로자에게 교부하여야 한다. ...
25>

제18조(단시간근로자의 근로조건) ① 단시간근
로자의 근로조건은 그 사업장의 같은 종류
의 업무에 종사하는 통상 근로자의 근로시
간을 기준으로 산정한 비율에 따라 결정되
어야 한다.
② 제1항에 따라 근로조건을 결정할 때에
기준이 되는 사항이나 그 밖에 필요한 사항
은 대통령령으로 정한다.
③ 4주 동안(4주 미만으로 근로하는 경우에
는 그 기간)을 평균하여 1주 동안의 소정근
로시간이 15시간 미만인 근로자에 대하여는
제55조와 제60조를 적용하지 아니한다. <개
정 2008·3·21>

제19조(근로조건의 위반) ① 제17조에 따라 명
시된 근로조건이 사실과 다를 경우에 근로
자는 근로조건 위반을 이유로 손해의 배상
을 청구할 수 있으며 즉시 근로계약을 해제
할 수 있다.
② 제1항에 따라 근로자가 손해배상을 청
... 노동위원회에 신청할 수 있

제23조(해고 등의 제한) ① 사용자
게 정당한 이유 없이 해고, 휴
직, 감봉, 그 밖의 징벌(懲罰
고 등"이라 한다)을 하지 못한
② 사용자는 근로자가 업무
병의 요양을 위하여 휴업
30일 동안 또는 산전(産
여성이 이 법에 따라 휴
30일 동안은 해고하지 못
가 제84조에 따라 일시
또는 사업을 계속할
그러하지 아니하다.

제24조(경영상 이유에
사용자가 경영상 이
해고하려면 긴박한
한다. 이 경우 경
사업의 양도·인
의 필요가 있는
② 제1항의 경
기 위한 노력을

제3장

형사사건

제18조(단시간근로자의 근로조건) ① 단시간근로자의 근로조건은 그 사업장의 같은 종류의 업무에 종사하는 통상 근로자의 근로시간을 기준으로 산정한 비율에 따라 결정되어야 한다.

② 제1항에 따라 근로조건을 결정할 때에 기준이 되는 사항이나 그 밖에 필요한 사항은 대통령령으로 정한다.

③ 4주 동안(4주 미만으로 근로하는 경우에는 그 기간)을 평균하여 1주 동안의 소정근로시간이 15시간 미만인 근로자에 대하여는 제55조와 제60조를 적용하지 아니한다. <개정 2008·3·21>

제19조(근로조건의 위반) ① 제17조에 따라 명시된 근로조건이 사실과 다를 경우에 근로자는 근로조건 위반을 이유로 손해의 배상을 청구할 수 있으며 즉시 근로계약을 해제할 수 있다.

② 제1항에 따라 근로자가 손해배상을 청구할 경우에는 노동위원회에 신청할 수 있으며, 근로계약이 해제되었을 경우에는 사용자는 취업을 목적으로 거주를 변경하는 근로자에게 귀향 여비를 지급하여야 한다.

제20조(위약 예정의 금지) 사용자는 근로계약 불이행에 대한 위약금 또는 손해배상액을 예정하는 계약을 체결하지 못한다.

제21조(전차금 상계의 금지) 사용자는 전차금(前借金)이나 그 밖에 근로할 것을 조건으로 하는 전대(前貸)채권과 임금을 상계하지

제23조(해고 등의 제한) ① 사용자는 근로자에게 정당한 이유 없이 해고, 휴직, 정직, 감봉, 그 밖의 징벌(懲罰)……"고등"이라 한다)을 하지 못한

② 사용자는 근로자가 업무…병의 요양을 위하여 휴업…30일 동안 또는 산전(産…여성이 이 법에 따라 휴…30일 동안은 해고하지…가 제84조에 따라 일시…또는 사업을 계속할…그러하지 아니하다.

제24조(경영상 이유에…사용자가 경영상…해고하려면 긴박한…한다. 이 경우 경…사업의 양도·인…의 필요가 있는…

② 제1항의 경…기 위한 노력…공정한 해고의…대상자를 선…성을 이유로…

③ 사용자…위한 방법…사업 또는…직된 노…합(근로…없는 7…자를

자격모용에 의한 사문서 작성 및 행사 등

〈인천지법 2016고정○○, ○○(병합)

자격모용사문서 작성 등, 피고인 甲〉

1. 범죄사실

A신협 과장 甲은 인천에 있는 건물의 매각이나 매매계약서 작성에 관하여 A신협의 이사회 또는 이사장의 위임을 받은 사실이 없음에도 불구하고 2015년 10월 A신협 사무실에서 그 사실을 모르는 공인중개사인 乙로 하여금 부동산 매매계약서 용지의 소재란에 "인천광역시"매매총대금란에 "이십억원정", 매수인란에 "丙", 매도인란에 "A신용협동조합"이라고 입력 및 인쇄하게 한 후 위 매도인란의 "A 신용협동조합" 아래에 "代 甲"이라고 기재하고 그 옆에 A 신협의 직인을 날인하였습니다. 이로써 甲은 행사할 목적으로 A신협의 대리인 자격을 모용하여 권리의무에 관한 사문서인 부동산 매매계약서 1장을 작성하였으며, 위와같이 작성한 부동산 매매계약서를 마치 진정하게 성립한 것처럼 그 사실을 모르는 丙에게 교부하여 행사하였습니다.

2. 판결

"피고인 甲은 벌금 500,000원에 처한다. 피고인이 위 벌금을

납입하지 아니하는 경우 100,000원을 1일로 환산한 기간 피고인
을 노역장에 유치한다. 위 벌금에 상당한 금액의 가납을 명한다.”

3. 사안의 검토

부동산 매매시 이사회의 결의를 거치지 않았고 조합장의 승인
도 득하지 않았으나 내부적인 검토는 하였기에 실질적인 피해는
없는 것으로 보아 벌금형에 처하여진 사안이었습니다. 피해 액수
가 크다면 더 중한 형벌이 부과될 수 있었을 것입니다.

조합재산을 처분하기 위하여는 관한 규정을 잘 숙지하여야 하
며 이사회의 결의를 요하는 사안이라면 결의 절차를 거치고 또한
대리권에 관한 위임장 등을 구비하여야 할 필요가 있습니다.

개인정보보호법 위반

〈창원지검 형제○○○○호
개인정보보호법 위반, 피고인 甲, 乙〉

1. 범죄사실

甲은 A신협 차장으로 乙은 A신협 대리로 근무하던 중 A신협 전산시스템에서 관리되고 있던 조합 고액 거래자 정보를 업무 외 목적으로 이용하기 위하여 외부로 유출하기로 공모하여 甲은 2015년 10월 A신협에서 乙에게 신협통합단말시스템으로 관리되고 있던 고액거래자 통계를 조회하여 조합USB에 저장하여 달라고 지시하였고, 乙은 위 지시에 따라 조합 고액거래자 통계를 조회, 조합USB에 저장하여 甲에게 주었으며 甲은 乙로부터 건네받은 USB에 저장된 고액 거래자 통계 자료를 업무 외 목적으로 사용하여 외부에 유출하였습니다.

2. 수사

甲과 乙은 조합에서 관리하고 있던 조합원 몇 만여 명의 개인정보를 USB에 담아 유출하였는데 이는 업무의 일환으로서 조합 본점과 지점의 재무의 분리, 조합원의 분리 작업이 진행 중이어서 이를 확인하기 위하여 조합원의 정보를 조회한 것이며 일부 조합원이 누락된 것이 확인되어 고액거래자의 명부를 조회하여 누락된 조합원을 보완하고자 한 것으로서 이사장 선거에 사용할 목적은 없고 대조 작업을 완료 후 개인정보 파일을 파기하였다고 주장하였습니다. 수사기관은 甲과 乙 개인정보를 업무 외 목적으로 사용할 생각으로 USB에 저장하였다는 것을 입증할 자료가 없고 단지 업무를 위해 절차를 위반하여 USB에 조합원 개인정보를 저장한 행위 자체를 외부 유출이라 보기 어려워 업무의 목적으로 사용하였다는 점이 인정되어 불기소로 처분을 하였습니다.

3. 사안의 검토

개인정보보호법상 개인정보를 처리하거나 처리하였던 자가 업무상 알게 된 개인정보를 누설하거나 권한 없이 다른 사람이 이용하도록 제공한 자 및 그 사정을 알면서 영리 또는 부정한 목적으로 개인정보를 제공받은 자를 처벌하고 있고, 정당한 권한 없이 다른 사람의 개인정보를 유출하는 행위 또한 처벌하고 있습니다. 본 사안에서 수사기관은 조합 직원이 조합원 개인정보를 유출한 것이 아니며 부정한 목적 또한 없었다고 판단하였으나 이사장 선거 개입의 부정한 목적이 인정될 충분한 추가 정황 증거가 있었다면 기소되어 처벌될 가능성도 있었던 사안이었습니다.

업무상 횡령

〈창원지검 2018 형제○○○○호 업무상 횡령, 피고인 甲〉

1. 범죄사실

甲은 A신협 차장으로서 부실채권 관리 업무를 담당하던 중 부실채권을 회수한 경우 위 신협의 제대출금 대손충당금 계정에 입금하여야 하고 부득이하게 회수한 부실채권을 다른 계좌에 임시 보관할 경우 신협 계좌에 입금하여야 함에도 불구하고 2010년 3월 A신협 사무실에서 乙로부터 받은 丙의 특수채권 3000만원을 상환 받아 업무상 보관하다가 다음 달인 2010년 4월 甲의 여동생 명의 계좌에 입금하여 횡령하였습니다.

2. 수사

사용된 금원은 A신협 전무 丁의 지시에 의해 이루어진 것으로서 근가 5차례에 걸쳐 개인적으로 위 금원을 사용하다가 발각되어 벌금 500만원의 선고를 받았으나 甲은 입금된 금원을 사용한 사실이 없는 사실 등으로 불법영득의 의사가 없어 혐의를 인정할 자료나 근거 정황이 불충분하여 혐의 없음(증거불충분) 처분을 받았습니다.

 본 사안은 A신협 차장 甲이 전무 丁의 지시에 의하여 특수채권을 신협의 계좌에 입금하지 않고 甲의 계좌로 입금 받은 것으로서 丁이 정범으로 처벌을 받았으며 금원의 전부를 丁이 사용하였기에 이를 감안하여 甲에 대해서는 불법영득의 의사 등이 인정되지 않아 무혐의 처분을 하였습니다. 하지만 경우에 따라서는 甲도 당시의 모든 상황을 충분히 인식하고 공모하여 행위를 하였을 가능성을 배제할 수 없기에 향후 유사한 사안이 발생하였을 경우 횡령을 지시한 전무뿐 아니라 차장 등의 직원 등도 계좌를 개설하여 입금하는 등의 횡령 행위를 직접 하였다면 이러한 사정 등을 고려하여 처벌받을 가능성이 높다고 판단됩니다.

정보통신망법 위반(명예훼손)

〈인천지법 2016고정○○○○
정보통신망이용촉진 및 정보보호등에관한법률위반(명예훼손), 피고인 甲〉

1. 범죄사실

A신협 이사장 甲은 인천 북구에 있는 A신협 이사장실에서 2015년 10월 경 위 조합 이사회에서 부동산의 매각 등에 관한 의결이 이루어진 후 그 매각 과정이나 절차에 관하여 다툼이 있음을 기화로 휴대전화기로 '카카오톡'에 접속하여 乙 丙 丁 등 위 조합의 조합원 20명에게 "금번 저희 A신협에서 퇴임한 戊가 A신협 부동산을 불법으로 매각하여 부동산이 팔려 나갈 위기에 놓여 있으며 법인인감을 도용하고 이사장 위임장을 위조하고 계약금 5천만 원을 차명으로 관리하여 수사기관에서 조사를 기다리는 중이며 매입자에게 불법 매매라는 사실을 알려놓은 상태이고, 戊는 신협중앙회 감사에서 사실임을 시인하였습니다. 본인은 최선을 다하여 부동산을 지킬 것입니다. 이사장 甲"이라는 메시지를 작성하여 전송하였다.

이로써 甲은 피해자 戊를 비방할 목적으로 정보통신망을 통하여 공공연하게 위 부동산 매각 등에 관한 분쟁 관련 고발 진행 상황 등에 대한 사실을 드러내어 위 피해자의 명예를 훼손하였습니다.

2. 판결

"피고인은 벌금 500,000원에 처한다. 피고인이 위 벌금을 납입하지 아니하는 경우 100,000원을 1일로 환산한 기간 피고인을 노역장에 유치한다. 위 벌금에 상당한 금액의 가납을 명한다."

3. 사안의 검토

본 사안은 이사장이 조합원에게 문자의 메시지를 보내어 타인의 명예를 훼손한 사례입니다. 조합의 이익을 위한 진실한 사실의 적시는 처벌을 받지 않으나 법원은 문자 메시지의 내용이 戊가 진행한 부동산 매각 절차에 관한 것으로서 허위사실이라고 볼 수 없으나 피고인과 戊는 경쟁 관계에 있고 조합원들에게 문자 메시지를 보낸 시점이 그 선거가 진행되던 기간이었던 점(부동산 매각이 발생한 후 상당 기간이 경과 후 다수의 조합원들에게 위 문자 메시지가 유포된 것으로 보임) 등에 비추어 甲이 문자 메시지를 보낸 행위가 오로지 공공의 이익을 위한 경우로 보이지 않는다고 판단하여 공공의 이익을 위한 것이라는 피고인의 주장을 받아들이지 않았습니다. 선거 시기에는 문자를 보내는 행위가 사실의 진실 여부를 불문하고 정보통신망법상의 명예훼손에 해당될 소지가 있어 더욱더 주의를 요한다고 할 것입니다.

특경법 횡령, 사문서 위조

〈광주지법 □□지원 2014고합○○, 광주고등2014노○○

특정경제범죄가중처벌등에관한법률위반(횡령)등, 피고인 甲〉

1. 범죄사실

A신협 부장 甲은 친분관계가 있는 乙로부터 A신협 계좌를 관리할 권한을 위임받아 계좌가 만기가 되면 새로 개설한 계좌 통장에 금원을 이체하여 오던 중 위 계좌에 있던 16억 원을 임의로 인출하여 甲의 채무변제에 사용하였고, 丙 으로부터 관리 권한을 위임받아 도장 등을 보관하였음을 기화로 대출약정서 및 질권설정자란에 丙이라고 기재한 후 도장을 찍어 사문서를 위조 및 행사하였고, A신협 사무실에서 丙이 대출 신청한 것처럼 A신협 직원을 기망하여 이에 속은 직원으로부터 4억 원을 편취하였습니다.

2. 판결

"원심판결을 파기한다. 피고인을 징역3년에 처한다."

3. 사안의 검토

1심에서는 위 모든 범죄 사실이 인정되어 징역 7년이 선고하였으나 항소심에서는 범행을 대체로 인정하고 잘못을 뉘우치고 있는 점, 피고인 송의 보유 부동산 경매로 5000만 원 정도의 추가적인 피해회복이 이루어진 점, A신협 이사장이 甲의 선처를 탄원하고 있는 점, 甲에게 집행유예 이상의 전과가 없는 점 기본 범죄인 횡령죄의 경우 권고형의 범위가 징역 2년~5년인 점 등에 비추어 징역 3년을 선고하였습니다.

甲은 지인의 인감도장을 가진 것을 기화로 인출뿐 아니라 위조를 하여 대출까지 받아 징역형을 선고받았습니다. 甲은 대부분의 혐의를 인정하였으며 위임받은 범위 외 임의로 대출을 받았다면 사문서위조 동행사죄뿐 아니라 사기죄, 횡령죄가 성립할 수 있습니다. 계좌 업무를 취급하는 경우에 있어서의 주의의무를 확인시켜 준 사안이었습니다.

업무방해, 신용협동조합법 위반

〈전주지법 2017 고단○○○,
업무방해, 피고인 甲〉

1. 범죄사실

A신협 차장 甲은 2015년 11월 실시되는 A신협 상임이사장 선거와 관련하여 선거권이 부여되는 조합원 자격이 기존 출자금 1만원에서 3만원으로 상향되자 기호 2번 乙 후보를 당선되게 할 목적으로 출자금 3만원에 미달하는 조합원 중에서 乙후보에 우호적이거나 甲과 친분관계 있는 조합원 명단을 발췌하여 출자금 계좌에 금 1만원에서 2만원을 입금하는 등의 방식으로 출자금을 대납하여 선거권을 부여하고 투표하게 하는 방식으로 조합원 총 200명의 출자금 500만원을 대납하려고 하여 이사장 선거업무를 방해하였고, 특정인을 당선하게 할 목적으로 재산상의 이익 제공을 하여 신용협동조합법을 위반하였으며, 타인인 조합원들의 실명으로 금융거래를 하여 금융실명거래 및 비밀보장에 관한 법률을 위반하였습니다.

2. 판결

"피고인을 벌금 5,000,000원에 처한다. 피고인이 위 벌금을 납입하지 않은 경우에는 100,000원을 1일로 환산한 기간 동안 甲을 노역장에 유치한다."

3. 사안의 검토

본 사안은 업무방해죄뿐 아니라 신협법 위반 등도 쟁점이 되었습니다. 출자금을 대납 받은 조합원들도 사전에 출자금이 대납되었는지 알지 못하였으며 특정인에 대한 투표를 권유받은 점이 없어 신용협동조합법 위반은 혐의가 없으며 100만 원 이하의 원화 송금 시 실명확인을 아니 할 수 있다는 규정 등에 의거 신협법 및 금융실명법을 위반하였다고 보기 어려우나, 다만 A신협 직원 甲이 선거에 개입할 목적으로 피선거권 부여 출자금에 미달하는 계좌를 가진 조합원에 일률적으로 금원을 입금한 사실을 통해 업무방해죄로 의율한 사안입니다. 실제적으로 입금한 금원이 거의 없어 영향을 미쳤다고 보기는 어렵기에 벌금형이 선고되었으나 범죄행위 결과로서 상당수의 조합원에 금원이 전달되어 선거에 영향을 미쳤다면 실형이 선고될 가능성도 배제할 수 없습니다.

임원 선거에 있어서 인위적인 방법으로 선거권을 부여하거나 인정되지 않는 선거운동 등의 방법을 행한다면 업무방해죄뿐 아니라 신협법 등으로 처벌받을 수 있다는 사실을 확인시켜준 사안입니다.

명예훼손

〈인천지법 2016고정○○○○(병합), 명예훼손, 피고인 甲〉

1. 범죄사실

A신협 조합원 甲은 인천에 있는 건물에서 열린 A신협 임시 총회에서 사실은 자신이 2015년 10월 A신협의 이사회에서 이사장의 자격으로 참석하여 이사 乙 丙 丁의 의견을 종합하여 A신협의 부동산에 관한 매각승인을 하였음에도 불구하고 위 조합의 조합원들 수백 명이 듣고 있는 자리에서 "A신협 부동산을 매각하자는 이사회 결의가 있었습니다. 지금 이사장 승인만 남아있는 상태인데 승인을 못하고 있는데 이사들이 1개월의 임기만 남은 상태에서 왜 이걸 매각하여 나가려고 하는 것이냐"고 말함으로써 공연히 허위 사실을 적시하여 피해자들의 명예를 훼손하였습니다.

2. 판결

"피고인 甲은 벌금 500,000원에 처한다. 피고인이 위 벌금을 납입하지 아니하는 경우 100,000원을 1일로 환산한 기간 피고인을 노역장에 유치한다. 위 벌금에 상당한 금액의 가납을 명한다."

3. 사안의 검토

본 사안은 조합 총회에서의 발언이 타인의 명예를 훼손할 수 있다는 사실을 확인한 사례입니다. 임시총회 등 참가한 인원이 많은 장소에서 공연히 허위의 사실을 적시하였다면 명예훼손이 될 수 있습니다. 다만 사실이 허위가 아니며 조합의 이익을 위한 것이라는 것이 인정된다면 위법성을 조각할 여지도 있습니다. 조합 총회 등에서 발언을 함에 있어서는 더욱 신중해야 함을 다시금 일깨워준 사안입니다. 참고로 이사 중 1인은 피고인과 합의가 되어 처벌불원의 의사표시를 하였기에 공소기각 판결을 하여야 할 것이나 다른 이사의 명예를 훼손한 행위와 상상적 경합 관계에 있어 벌금형의 처벌을 받은 사안입니다. 따라서 명예를 훼손하는 행위가 이루어졌고 명예를 훼손당한 피해자가 다수라면 일부와 합의를 하더라도 처벌을 면할 수 없으므로 이러한 사정 등을 종합적으로 고려하여야 할 것입니다. 다른 한편 피해자가 다수 발생하였고 회복하기 어려운 손해가 있다면 실형으로 처벌받을 가능성도 배제할 수 없음을 주의하여야 할 것입니다.

업무상 배임, 신용협동조합법 위반

〈대전지법 2018고단○○○○,

업무상 배임, 신용협동조합법 위반, 피고인 甲〉

1. 범죄사실

A신협 과장 甲은 임차보증금을 담보로 대출할 경우 임차보증금반환청구권 양도수계약 또는 질권설정계약을 체결하여야 하고 임대인으로부터 확정일자 있는 승낙서로 승낙을 받는 등 대항력을 갖추어 담보권을 취득하는 조치를 취하여야 할 업무상 임무가 있음에도 불구하고 대항력을 취득하지 않은 채 3억 원의 대출을 실행하여 A조합에 같은 금액 상당의 재산상 손해를 가하였고, 동일인에 대하여 대출하는 경우 자기자본의 100분의 20 등의 한도를 초과하는 대출을 할 수 없음에도 불구하고 A신협 자기 자본액의 100분의 20을 초과하는 40억원을 대출하였습니다.

2. 판결

"피고인을 징역 2년에 처한다. 다만 이 판결 확정일로부터 3년간 위 형의 집행을 유예한다. 200시간의 사회봉사를 명한다."

3. 사안의 검토

재판부는 甲이 여신업무 담당자로서 관련 규정 등에 위배하여 대출을 실행함으로써 피해자 조합에게 거액의 손해를 초래할 위험을 발생케 하여 그 범행의 경위 및 내용, 대출 횟수 및 그 총액 등에 비추어 죄책이 가볍지 않은 점, 피해자와 합의하지 못하였고, 현재까지 완전한 피해변제가 이루어지지 않은 점 등을 고려하여 징역형을 선고하였습니다. 즉 조합 여신 담당자가 지인에게 대출을 함에 있어서 담보설정을 하지 않았고 또한 자기자본액을 초과하는 대출을 한 것에 대하여 유죄판결을 선고한 것입니다.

자산 총액 한도 대출 규정의 미준수로 인한 신협법 위반 및 대출시 담보 미설정 대출 행위는 범죄 사실이 명백하게 드러나기에, 주관적 요건만 갖추어지면 무리 없이 처벌될 가능성이 높습니다. 따라서 대출 시에 대출 한도 초과 및 담보미설정은 자칫 형사처벌로 이어질 수 있어 각별한 주의를 요한다고 할 것입니다.

부동산실명법, 사금융 알선

〈대전지검 2018형제○○○○,

특정경제범죄가중처벌등에관한법률위반(사금융알선),

부동산실권리자명의등기에관한법률위반, 피고인 甲〉

1. 범죄사실

A신협 전무 甲은 동생 丁 소유의 부동산을 乙 명의로 등기하기로 명의신탁약정을 체결하고 허위의 매매계약서를 작성하였으며 등기소에 乙 명의의 소유권이전등기를 마치는 등 부동산에 관한 물권을 명의신탁약정에 의하여 명의수탁자의 명의로 등기하였습니다.

금융기관 임직원은 그 지위를 이용하여 자기의 이익 또는 소속기관 외의 제3자의 이익을 위하여 자기의 계산 또는 소속금융기관 외에 제3자의 계산으로 금전을 대부하여서는 아니 됨에도 불구하고 甲은 B조합 전무 丙으로 하여금 위 명의신탁된 부동산을 담보로 하고 채무자를 乙로 하여 丁에게 담보대출 2억 원 신용 대출 5천만 원을 대출하도록 하여 금융기관의 임직원의 지위를 이용하여 금전대부를 알선하였습니다.

2. 수사

부동산 실권리자 명의의 등기에 관한 법률 위반과 관련하여 甲에 대하여는 증거가 불충분하나 명의를 이전 받은 甲의 동생 丁에 대하여 혐의를 인정하고 기소하였습니다. 특정경제범죄가중처벌등에 관한 법률 위반(사금융알선) 관련하여 甲이 아닌 丁이 주도를 하여 대출을 하여 준 것으로서 丁은 금융기관이 임직원이 아니며 오히려 금융기관의 임직원인 甲은 개입하지 아니하였기에 甲에 대하여 증거불충분으로 혐의 없음 처분을 하였습니다.

3. 사안의 검토

본 사안은 부동산실명법 위반과 관련하여 A조합 전무 甲의 범죄혐의가 있으나 명백한 증거가 없으며 명의를 이전받은 甲의 동생인 丁이 자백을 하며 본인 스스로의 죄책을 인정하였기에 丁에 대하여는 처벌이 가능하였으나 반면 甲에 대한 처벌이 쉽지 않았던 사안입니다. 또한 甲과 같은 금융기관의 임직원이 관련 규정을 회피하고 자신의 이익을 충족하기 위하여 금융시스템을 이용하여 대출을 알선하거나 대출을 받고 이에 관한 증거자료가 현출이 된다면 특정경제범죄가중처벌등에 관한 법률 위반(사금융알선)죄로 기소될 가능성을 배제할 수 없다고 판단됩니다.

특경법 배임

〈대전지법 2018고단○○○○,
특정경제범죄가중처벌등에관한법률위반(배임) 등, 피고인 甲〉

1. 범죄사실

A신협 직원 甲은 조합의 예금 입출금 여수신 업무를 하였으며, 甲의 남편인 乙은 수입업체를 운영하였습니다. 乙의 사업자금이 부족하자 甲은 조합의 조합원 명의를 도용하거나 조합원이 아닌 사람을 조합원인 것처럼 하여 대출신청을 하는 등의 방법으로 부당대출을 실행하기로 마음먹고 乙의 회사 직원 등을 조합원인 것처럼 하여, 조합원의 명의를 임의로 도용하여 대출을 실행하였습니다. 또한 조합의 예탁금 등 자금을 조합원이나 준 조합원이 아닌 자에게 대출하여서는 아니되며 조합원 등에게 대출하는 경우에도 충분한 담보를 수취하는 등 대출금 회수 방안을 강구함으로써 위 조합에 재산상 손해를 입히지 말아야 할 업무상 임무가 있음에도 불구하고 이를 위반하여 임의로 丙 조합원 명의의 대출신청서를 작성하고 丙이 5백만 원을 대출 신청한 것처럼 신협시스템에 입력하여 대출절차를 진행한 다음 위 대출금을 인출한 것처럼 하는 등 50회에 걸쳐 합계 10억 원의 부당대출을 하여 이를 乙의 사업자금 등에 사용하고 乙은 甲의 부당대출에 가담하여 10억 원 상당의 부당대출을 송금 받아 사용하였습니다.

2. 판결

"피고인 甲을 징역 5년, 피고인 乙을 징역 2년에 각 처한다."

3. 사안의 검토

본 사안은 A조합 직원이 업무상 배임으로 처벌된 사안입니다. A조합은 범죄행위 종료 전에 해산되었으며 甲의 행위는 그 이후에도 지속되어 피해액은 20억 원이 넘는 사안이었으며 조합원들이 예금을 출급 받지 못하자 민사로도 소송을 진행하였습니다.

타인의 명의를 도용하여 대출을 실행하였다면 업무상 배임 등의 죄책을 물을 수 있으며 액수가 크다면 특경법 적용이 가능하니 대출 실행에 있어서는 사고가 발생하지 않도록 늘 감독과 주의를 요한다고 하겠습니다.

신용협동조합법 위반(선거이익제공)

〈대전지법 ㅁㅁ지원 2018고단○○○○,

신용협동조합법 위반, 피고인 甲〉

1. 범죄사실

甲은 A조합에서 2006년 1월부터 2018년 2월까지 이사장으로 재직하던 자인데 누구든지 신협 임원으로 당선되거나 당선되게 하거나 당선되지 못하게 할 목적으로 선거인에게 금전 물품 향응 그 밖의 재산상 이익을 제공하거나 그 제공을 약속하는 행위를 해서는 아니됨에도 불구하고 甲이 이사장 연임 금지에 해당되자 상임이사직에 출마하기로 마음먹고 2017년 12월, 조합원 乙이 운영하는 사무실에서 상임이사 선출 총회에서 지지해 달라는 취지로 乙에게 현금 30만원을 건네주었으며, 또한 초등학교 동창 丙이 운행하는 승용차 안에서 현금 100만원을 건네주려 하였으나 丙은 거절하였고 丁에게 전달해 달라고 하여 100만원을 건네주었습니다.

2. 판결

"피고인을 징역 6월에 처한다. 다만 이 판결 확정일부터 1년간 위 형의 집행을 유예한다."

3. 사안의 검토

본 사안은 A조합 이사장이 당선할 목적으로 조합원에게 금전을 제공하여 처벌받은 사안입니다. 법원은 甲에게 선거의 공정성을 해치는 범죄로서 죄질이 불량하여 실형을 선고할 예정이었으나 초범이고 자신의 잘못을 깊이 반성하고 있는 점, 신협에 장기간 근무하면서 조합의 발전에 기여한 점 그밖에 범행에 이른 경위, 범행 후의 정황 등 제반 사정을 참작하여 집행유예의 선고를 하였습니다. 하지만 선거 관련 범죄에 대하여는 제반 사정을 고려하여 실형이 나올 가능성도 배제하지 못한다는 사실을 염두에 두어야 할 것입니다.

신용협동조합법 위반(선거운동금지)

〈대전지법 2016고단○○, 2017노○○ 신용협동조합법위반,
2018초기○○ 위헌심판제청, 피고인 甲〉

1. 범죄사실

甲은 A조합에서 2016년 2월에 실시한 이사장 선거에서 당선되었습니다. 누구든지 신용협동조합 임원 선거운동은 신협법에서 정한 방법 외의 방법으로는 할 수 없고 후보자 등록 마감일 다음 날부터 선거일 전일까지만 할 수 있음에도 불구하고 甲은 2016년 1월 대전 A신협 건물 2층 강습장에서 조합원 乙 등 3명이 모인 자리에서 "선거총회까지 있게 됐는데 그 때 제가 선출이 된다면 정식 임기가 시작되면서 직무대행자를 떼고 할 준비를 하고 있습니다. (중략) 저도 노력할 테니까 우리 조합원님도 많이 도와주시기 바랍니다."라고 말하는 등 이사장 선거에 대한 지지를 호소하였습니다. 이로써 甲은 신협법에 규정하고 있지 아니한 방법으로 선거운동을 하고 선거운동을 할 수 있는 기간이 아님에도 선거운동을 하였습니다.

2. 판결

"피고인을 벌금 30만원에 처한다. 피고인이 위 벌금을 납입하지 아니하는 경우 10만원을 1일로 환산한 기간 피고인을 노역장에 유치한다. 위 벌금에 상당한 금액의 가납을 명한다." "피고인의 항소를 기각한다." "형법 제59조 제1항 단서에 대한 위헌법률심판제청신청을 각하한다." "신용협동조합법 제27조의 2 제2 내지 4항에 대한 위헌법률심판제청신청을 기각한다."

1심 재판부뿐 아니라 2심 재판부도 범죄사실 및 양형이 적정하다고 판시하였습니다. 다만 피고인은 2심에서 '형법 제59조 제1항 단서' 및 '신용협동조합법 제27조의 2 제2 내지 4항'에 대한 위헌법률심판제청신청을 하였습니다.

재판부는 '형법 제59조 제1항 단서' 헌법재판소법 제41조 제1항에 따른 법률의 위헌 여부 심판 제청은 법원이 국회가 제정한 법률이 위헌인지 여부의 심판을 헌법재판소에 제청하는 것이지 그 법률의 의미를 풀이한 법률해석이 위헌인지 여부의 심판을 제청하는 것이 아니어서 한정위헌결정을 구하는 위헌법률심판제청은 허용할 수 없다고 판단하였습니다.(대법원 2001. 4. 27. 선고 95 재다14 판결) 그 결과 甲이 신청한 것은 형법 제59조 제1항 단서의 전과에 실효된 전과를 포함하여 해석하는 것은 과잉금지원칙에 위배된다는 주장이나 이는 법령의 해석 적용 권한은 법원에 전속된 것이고, 법률의 위헌 여부가 재판의 전제로 된 경우에 해당하지 않기에 한정위헌결정을 구하는 취지의 신청은 허용되지 않는다고 판시하였습니다.

또한 '신용협동조합법 제27조의 2 제2 내지 4항' 위헌 여부와 관련하여 법률조항이 헌법에 위반되는지 여부에 따라 甲의 범죄행위 인정 여부가 달라져 재판의 전제성이 인정되나 죄형법정주의 위반여부와 관련하여 선거운동의 방법 등의 규정만으로도 처벌되는 행위가 어떠한 것일 거라고 이를 예측할 수 있을 정도로 구체적으로 정하고 있고(대법원 2000. 11. 16. 선고 98도3665 판결) 신협법 제99조 제3항에서도 형벌의 종류와 그 상한과 폭을 명확히 정하고 있으므로 명확성의 원칙 등의 죄형법정주의 원칙에 위배된다고 볼 수 없다고도 판단하였습니다.

3. 사안의 검토

본 사안에서 재판부는 신협법 상의 선거운동 기간 및 방법 규정의 위헌성에 대하여 심리를 하였습니다. 명확성 원칙에 반하지 않으며 따라서 죄형법정주의에 위반되지 않는다고 판시하였습니다. 만약 선거운동 규정 조항 등 신협법 위반으로 밝혀진다면 벌금형 이상이 부과될 가능성이 높고 임원에 당선되었다고 하더라도 즉시 면직 사유로서 임원직이 박탈될 수 있습니다. 따라서 甲도 이러한 점을 알고 임원직을 유지하고자 위헌법률심판제청신청을 하였으나 기각된 것입니다. 선거운동 등 위반으로 신협법 위반으로 벌금형 이상이 선고된다면 혹시 위헌법률제청으로 임원직을 유지할 수 있지 않을까 하는 막연한 기대감을 가지고 위헌법률심판제청신청을 한다면 본 사안에서 이미 판단을 내렸기에 당분간 선거 관련 신협법이 위헌 결정이 날 가능성은 희박하다고 보입니다. 선거운동의 방법이 제한적이어서 기본권을 침해한다고 볼 여지도 있으나 우선은 신협법 범위 내에서 선거운동을 하여야 할 것이며 그 범위가 모호하다면 미리 법률전문가의 자문을 받고 선거운동을 할 필요가 있다고 할 것입니다.

업무상 횡령

〈전주지법 2017고단○○○ 업무상 횡령, 피고인 甲〉

1. 범죄사실

甲은 2012년 4월부터 2016년 5월까지 A신협 B지점에서 예금 입출금 업무에 종사하면서 A조합을 위하여 조합원의 예탁금을 관리 및 보관하고 있었는데 2016년 3월 위 지점에서 조합원 乙의 예탁통장을 허위로 분실신고한 후 재발급 받아 CD기에 넣고 500만원을 인출하여 개인적 용도로 사용하는 등 2016년 5월까지 총 15회에 걸쳐 조합원들의 예탁금 총 4000만원을 인출하여 개인적 용도로 사용하였습니다. 이로서 甲은 A조합을 위하여 업무상 보관 중이던 위 예탁금 총 4000만원을 횡령하였습니다.

2. 판결

"피고인을 징역 4월에 처한다. 다만 이 판결 확정일로부터 1년 간 위 형의 집행을 유예한다. 甲에 대하여 80시간의 사회봉사를 명한다."

3. 사안의 검토

甲이 A신협 직원으로 일하면서 예탁금을 마음대로 인출하여 사용하였으나 범죄사실을 인정하며 잘못에 대하여 반성하고 초범이며 피해액 전액을 배상한 점 등을 감안하여 집행유예를 받은 사안입니다. 횡령액수가 상당하고 피해보전이 이루어지지 않았다면 충분히 실형이 선고될 수 있었던 사안이라고 판단됩니다.

직업안정법 위반

〈인천지법 2017고정○○○, 2018노○○

직업안정법 위반, 피고인 甲, A조합〉

1. 범죄사실

甲은 2014년 2월에 A조합의 이사장으로 선출되었고 A조합은 금융기관의 업무 대리 등을 목적으로 설립된 법인입니다. 근로자 모집을 하는 자는 거짓 구인광고를 하거나 거짓 구인조건을 제시하여서는 아니 됨에도 불구하고 甲은 2017년 2월 A신협에서 위 조합원의 직원을 채용하기 위하여 워크넷의 고용형태란에 기간의 정함이 없는 근로계약 등의 조건으로 구인광고를 냈습니다. 그 후 이를 보고 乙이 지원을 하여 면접을 보았는데 위 구인광고와 달리 계약기간을 1년으로 그 이후에는 정규직으로 전환을 결정한다고 통보하여 구인광고와는 다른 구인조건을 제시하여 허위 구인광고를 하였습니다. 또한 A신협은 대표자인 甲이 허위 구인광고를 하지 않도록 해야 함에도 그에 관한 업무를 게을리 하여 甲이 허위 구인광고를 하도록 하였습니다.

2. 판결

"피고인 들은 무죄."

3. 사안의 검토

재판부는 구인광고가 작성되어 외부로 공개되기 이전에 甲이 실무진들의 보고절차를 통하여 이미 이 사건 구인광고의 구체적인 내용을 인식한 상태에서 구인광고의 실시를 최종적으로 승인하였는지 여부를 알 수 있는 내부의 결재 문서 등의 객관적인 자료가 없는 등 이 사건 구인광고가 워크넷에 게시될 당시 甲이 이 사건 조합의 실제 근로조건과 위 구인광고에 표시된 근로조건이 상호 일치하지 않는다는 사실을 인식하고 있었음을 인정하기 부족하고 달리 증거가 없다고 판시하였습니다. 따라서 甲에게 허위 구인광고의 고의가 있었다고 보기 어려운 이상 A조합에 대하여도 이를 전제로 한 책임을 물을 수 없다고 판시하였습니다.

구인광고를 보고 채용 지원을 결심한 乙이 채용공고와 다른 조건이 제시됨을 보고 진정을 한 것이 수사의 단서가 된 사건입니다. 채용광고의 내용이 실제 채용 조건과 다를 경우 고의성이 인정된다면 이사장뿐 아니라 양벌규정에 의거 법인도 직업안정법 위반의 처벌을 받을 수 있음을 염두에 두어야 하며 채용광고시 주의를 요한다는 사실을 다시금 환기시켜 준 사안이었습니다.

특경법 수재

〈대구지법 □□ 지원, 2010고단○○○○,
특정경제범죄가중처벌등에관한법률위반(수재 등), 피고인 甲〉

1. 범죄사실

A신협 차장 甲은 대출브로커 乙로부터 丙 소유의 B부동산에 대하여 '대출이 되면 돈을 챙겨 드릴 테니 위 부동산에 대해 대출을 좀 많이 받아 달라'고 부탁받았습니다. 이에 甲은 乙의 주선으로 위 丙에게 B부동산을 담보로 2억 5,000만 원의 대출을 실행해 주고 乙로부터 위 대출에 대한 사례금으로 500만원을 송금 받고 유흥주점에서 25회에 걸쳐 술 등 1,390만 원의 향응을 제공받았습니다. 이로써 甲은 그 직무에 관하여 1,890만 원 상당의 금품 및 이익을 수수하고 乙은 이를 제공하였습니다.

또한 甲은 乙로부터 丁 소유의 C부동산에 대하여 대출 요구를 받자 甲이 근무하는 곳에서는 대출이 안 되니 D신협의 戊에게 가서 대출을 받으라고 하였으며 이에 甲은 丁이 D신협으로부터 2억 1,000만 원의 대출을 실행하도록 알선하였으며 그 대가로 1,500만 원을 받았습니다.

2. 판결

"피고인 甲을 징역 8월에 처한다. 다만 이 판결 확정일로부터 2년간 위 형의 집행을 유예한다. 피고인 甲에게 120시간의 사회봉사를 명한다. 피고인 甲으로부터 1,890만원을 추징한다. 이 사건 공소사실 중 특정경제범죄가중처벌등에관한법률위반(알선수재)의 점은 무죄."

3. 사안의 검토

본 사안은 A조합 차장이 대출을 하면서 대출브로커를 통하여 대출에 대한 대가인 뇌물을 받아 징역이 선고된 사안입니다. 사안에서는 甲뿐 아니라 대출브로커인 乙 및 새마을금고 직원도 처벌을 받았습니다. 다만 본 사안에서는 대출알선으로 인한 수재의 건에 대하여는 현금으로 지급하였는지 여부 및 지급한 장소 등에 관하여 乙의 진술에 일관성이 없는 등 乙의 진술 등을 뒷받침할 만한 객관적인 증거가 부족하다고 보아 무죄를 선고하였습니다. 하지만 증거 등이 보강된다면 충분히 알선수재에 관하여도 유죄선고를 받기에 충분한 사안이었습니다. 초범이며 피해가 보전되는 등의 사정을 감안하여 집행유예가 선고되었으나 사안에 따라서는 실형이 선고될 가능성을 배제할 수 없다고 할 것입니다.

성폭력, 배임수재

〈전주지법 □□ 지원, 2010고단○○○,
성폭력범죄의처벌등에관한특례법위반(업무상위력등에의한추행),
배임수재, 피고인 甲〉

---

1. 범죄사실

A신협 이사장 甲은 201○년 ○월 중순 23시 경 ○○시에 있는 "B"식당 앞길에서 회식을 마친 후 피해자 乙과 피해자 丙을 甲의 양 옆에 세운 후 양손으로 위 乙과 丙의 허리를 끌어안고 자신의 몸 쪽으로 잡아당겨 그녀들을 위력으로 추행한 것을 비롯하여 그때부터 201○년 11월경까지 사이에 총 ○회에 걸쳐 피해자들을 위력으로 추행하였습니다.

또한 甲은 201○년 7월 ○일 10시경 위 조합 본점 2층 이사장실에서, 부장 丁 으로부터 상무로 승진하게 해 달라는 부정한 청탁을 받고 그 자리에서 사례비 명목으로 현금 300만원을 교부받았으며 과장 戊로부터 차장으로 승진하게 해 달라는 부탁을 받고 그 자리에서 사례비 명목으로 현금 100만원을 교부받았습니다.

2. 판결

"피고인 甲을 징역 1년에 처한다. 다만 이 판결 확정일로부터 2년간 위 형의 집행을 유예한다. 피고인에게 40시간의 성폭력치료강의의 수강을 명한다. 피고인으로부터 4,000,000원을 추징한다."

3. 사안의 검토

본 사안은 조합 이사장이 여직원을 위력에 의하여 추행하였으며 또한 승진을 위하여 찾아온 직원으로부터 금원을 취득하여 처벌을 받은 사안입니다.

미투 운동이 전개되기 전에 선고가 되었기에 형이 다소 가벼운 감이 있으나 지금 유사한 사안으로 기소가 된다면 더욱 가중한 처벌이 내려질 것입니다.

또한 재판부는 아동 청소년의 성보호에 관한 법률 제49조 제1항 단서, 제50조 제1항 단서에 따라 신상정보를 공개 고지하여서는 아니 될 특별한 사정이 있다고 판단하여 이에 관한 공개명령 또는 고지명령을 선고하지는 않았으나 사안에 따라 신상정보 공개명령 또는 고지명령이 내려질 수도 있음을 염두에 두어야 할 것입니다. 가벼운 신체 접촉도 성추행이 될 수가 있으며 금액이 소액이라고 하더라도 승진 등의 청탁을 받고 금원을 취득한다면 배임수증죄가 될 수 있습니다.

업무상 횡령

〈대전지법 □□ 지원, 2010고정○○○,
업무상 횡령, 피고인 甲〉

1. 범죄사실

A신협 전무 甲은 2010년 ○월 상반기 신협중앙회 주관 상반기 제휴카드 캠페인 결과에 따라 지급된 피해자 A조합 직원들 소유의 250만원 상당의 삼성GIFT 카드와 대전충남지역본부에서 교부받은 50만원 상당의 LG상품권을 피해자 조합 직원들을 위하여 업무상 보관하던 중 70만원 상당의 삼성GIFT카드 및 50만원 상당의 LG상품권을 개인적인 용도로 사용하였습니다.

또한 甲은 조합 직원들이 보험상품 등을 판매하면서 신협중앙회로부터 받은 수수료 중 일부를 조합 통장으로 송금 받은 후 다시 이를 乙 명의의 통장으로 500만 원가량을 송금한 후 골프회원권을 구입함으로써 개인적으로 사용하여 횡령하였습니다.

2. 판결

"피고인을 벌금 3,000,000원에 처한다. 피고인이 위 벌금을 납입하지 아니하는 경우 100,000원을 1일로 환산한 기간 甲을 노역장에 유치한다. 위 벌금 상당액의 가납을 명한다."

3. 사안의 검토

본 사안은 조합 전무가 캠페인 결과 등으로 교부받은 상품권 및 공통경비를 사용하여 개인적 이득을 취득하여 횡령죄로 처벌받은 사안입니다. 甲은 골프회원권은 직원들의 복리를 위하여 구입한 것으로 불법영득의사가 없다고 주장하였으나 재판부는 골프장 전산망에는 조합 명의가 아니라 甲명의로 회원권이 등록된 사실 및 조합 직원들에게 골프장 회원권 구입사실을 알리지 않은 사실 등을 종합하여 업무상 횡령죄의 불법영득의사를 인정하여 처벌하였습니다.

피해 회복이 이루어지지 않았거나 횡령 액수가 크다면 충분히 실형이 선고될 가능성도 있었으므로 공동경비 등의 보관 및 사용에 있어서는 각별한 주의를 요한다고 할 것입니다.

신용협동조합법 위반(물품제공)

〈인천지법 ㅁㅁ 지원, 2010고단○○○○,

신용협동조합법 위반, 피고인 甲〉

1. 범죄사실

甲은 2010년 2월에 실시된 이사장 선거에 출마하였습니다. 누구든지 자기 또는 특정인을 조합의 임원으로 당선되게 할 목적으로 조합원들에게 금전 물품 향응 그 밖의 재산상의 이익을 제공하여서는 아니 됨에도 불구하고 2010년 1월 서울 ㅁㅁ동에 있는 상호 불상의 청과물 상가에서 이사장 선거시 자신을 지지해 달라는 의미에서 1상자당 20,000원 상당의 한라봉 세트 99상자를 택배를 통하여 99명의 조합원들에게 전달하여 당선 목적으로 조합원들에게 물품을 제공하였습니다.

2. 판결

"피고인을 징역 6월에 처한다. 다만, 이 판결 확정일부터 1년간 위 형의 집행을 유예한다."

3. 사안의 검토

본 사안은 이사장 선거에서 당선될 목적으로 물품을 제공하였다가 적발되어 처벌을 받은 사안입니다. 재판부는 신용협동조합 선거의 공정성을 해치는 범죄로서 죄질이 불량하나 甲이 초범이고 자신의 잘못을 깊이 반성하고 있으며 신용협동조합에 20년간 근무하며 조합의 발전에 기여하였고 기타 범행에 이른 경위, 범행 후의 정황 등 제반 사정을 참작하여 집행유예를 선고하였습니다. 만약 제반 사정이 다르다면 경우에 따라 실형이 선고될 가능성이 충분히 있다고 판단되며 이사장 선거에 물품을 제공하여 신협법 위반으로 벌금형 이상을 선고받는다면 즉시 면직되기에 이러한 점을 고려하여 특별한 사정이 없는 한 신협법에서 정한 방법으로 선거운동을 하여야 할 것입니다.

제4장

판정사건

로자에게 교부하여야 ... 25>

제18조(단시간근로자의 근로조건) ① 단시간근로자의 근로조건은 그 사업장의 같은 종류의 업무에 종사하는 통상 근로자의 근로시간을 기준으로 산정한 비율에 따라 결정되어야 한다.
② 제1항에 따라 근로조건을 결정할 때에 기준이 되는 사항이나 그 밖에 필요한 사항은 대통령령으로 정한다.
③ 4주 동안(4주 미만으로 근로하는 경우에는 그 기간)을 평균하여 1주 동안의 소정근로시간이 15시간 미만인 근로자에 대하여는 제55조와 제60조를 적용하지 아니한다. <개정 2008·3·21>

제19조(근로조건의 위반) ① 제17조에 따라 명시된 근로조건이 사실과 다를 경우에 근로자는 근로조건 위반을 이유로 손해의 배상을 청구할 수 있으며 즉시 근로계약을 해제할 수 있다.
② 제1항에 따라 근로자가 손해배상을 청구할 경우에는 노동위원회에 신청할 수 있으며, 근로계약이 해제되었을 경우에는 사용자는 취업을 목적으로 거주를 변경하는 근로자에게 귀향 여비를 지급하여야 한다.

제20조(위약 예정의 금지) 사용자는 근로계약 불이행에 대한 위약금 또는 손해배상액을 예정하는 계약을 체결하지 못한다.

제21조(전차금 상계의 금지) 사용자는 전차금(前借金)이나 그 밖에 근로할 것을 조건으로 하는 전대(前貸)채권과 임금을 상계하지

제23조(해고 등의 제한) ① 사용자는 근로자에게 정당한 이유 없이 해고, ...직, 감봉, 그 밖의 징벌(懲罰... 고등"이라 한다)을 하지 못한...
② 사용자는 근로자가 업무... 병의 요양을 위하여 휴업... 30일 동안 또는 산전(産... 여성이 이 법에 따라 휴... 30일 동안은 해고하지... 가 제84조에 따라 일시... 또는 사업을 계속할... 그러하지 아니하다.

제24조(경영상 이유... 사용자가 경영상... 해고하려면 긴박한... 한다. 이 경우 경... 사업의 양도·인... 의 필요가 있는...
② 제1항의 ... 기 위한 노력... 공정한 해고... 대상자를 선... 성을 이유로...
③ 사용자... 위한 방법... 사업 또는... 직된 노... 합(근로... 없는... 자를

대기발령(인정)

〈서울노동위 2017부해○○○○, 중앙노동위 2018부해○○○

부당대기발령 구제신청, 신청인 甲, 피신청인 A신협〉

1. 대기발령

A신협 과장 甲은 2002년에 A신협에 입사하여 2016년 2월 과장으로 업무를 수행하였는데, 2017년 8월 A조합은 근로자 명의의 조합계좌에서 무자원선입금 거래(실제 입금 전 전산상으로 입금된 것처럼 입력하는 행위) 등 45건의 비위행위(착오입금처리, 법인잔고 불일치, 예금주 불일치, 개인별 마감취소, 업무상 횡령, 사적대차거래 등)를 적발하여 甲에게 대기발령을 명령하였으며 그 후 신협중앙회에 감사를 의뢰하였습니다.

2. 판정 : 인정

甲은 A조합이 행한 대기발령이 부당하다고 2017년 11월 노동위원회에 구제신청을 하여 대기발령의 정당성 여부가 검토되었는데, 노동위원회는 업무상 필요성과 관련하여 대기발령이 징계에 부의하기 위하여 행한 것으로서 업무상 필요성이 인정되고 소명이 필요한 경우에는 지점 회의실로 출석하게 하는 등 甲에게 소명의 기회를 부여하였으나 생활상 불이익 정도와 관련된 사항을 검토한 결과 대기발령 기간이 2017년 9월부터 현재까지 5개월 이상 지속되고 있으며 정상 급여의 45%밖에 지급받지 못하고 있어 경제상 불이익이 크기에 이 사건 甲의 경제적 또는 신분상 불이익이 통상 감수하여야 할 정도를 현저히 벗어나 대기발령이 부당하다고 판정하였습니다.

3. 사안의 검토

노동위원회는 대법원 판시 요건(대법원 2002. 12. 26. 선고 2000두8011 판결, 업무상 필요성의 존재, 생활상 불이익의 정도, 신의칙상 요구되는 협의 절차 준수 등)을 검토하여 불이익이 감수할 정도를 벗어난 이 사건 대기발령은 부당하여 판정서를 송달받은 날로부터 30일 이내에 甲을 원직에 복귀시키고 대기발령기간에 정상적으로 근로하였더라면 받을 수 있었던 임금상당액을 지급하라고 판정하며 대기발령의 실체적 절차적 요건을 다시금 확인시켜 주었습니다. 조합은 향후 대기발령 시 위의 요건을 준수하여야 합니다. 다만 A조합이 신협중앙회의 조치요구 결과가 나올 때까지 대기발령을 할 수밖에 없는 현실적 어려움이 있는 것도 사실입니다. 조합은 신협중앙회의 조치요구 결과가 나오기 전이라도 대기발령이 장기화되어 근로자의 불이익이 크다면 부당대기발령이 될 수 있다는 사실을 염두에 두고 적절한 기간 동안 조치를 내려야 할 것입니다.

창구 전보 발령

〈인천노동위 2017부해○○○,

부당인사명령 구제신청, 신청인 甲, 피신청인 A신협〉

1. 인사 명령(전보 발령)

A신협 부장 甲은 2010년도 A신협에 입사하여 부장으로 근무하다가 해고된 후 다시 복직하여 2016년 7월 A조합 B지점장으로 근무를 하다가 2017년 12월 인사명령을 통해 2018년 1월 A조합 본점 창구 담당으로 발령을 받았는데 이에 대하여 甲은 2017년 12월에 행한 인사명령은 부당하다고 주장하며 같은 해 12월 인천지방노동위원회에 구제를 신청하였습니다.

2. 판정 : 기각

甲은 인사명령이 실무책임자에서 지점장으로 강등에 이어 다시 창구 직원으로 발령한 것은 업무상 필요성을 인정할 만한 객관적 사유가 없고 생활 및 경제적 불이익이 크며 절차상으로 근로자의 동의를 받은 사실이 없어 노동청에 진정을 제기한 시점에 이루어진 것으로 보복성 처분으로 부당하다고 주장하였습니다. 반면 A조합은 甲이 지점장으로 근무할 당시에 재무개선 노력이 없었고 경영성과가 악화되었으나 임금수준은 동일하게 지급하였으므로 정당한 인사권의 행사라고 주장하였습니다.

노동위원회는 근로자의 전보나 전직은 인사권자인 사용자의 권한에 속하므로 업무상 필요한 범위 내에서는 사용자는 상당한 재량권을 가지며 그것이 근로기준법 등에 위반되거나 권리남용에 해당되는 등의 특별한 사정이 없는 한 유효하다(대법원 2009. 3. 12. 선고 2007두22306 판결)는 내용을 제시하며 A조합은 직급 위주의 직제를 팀제로 바꾸었고 부장도 팀원으로 될 수 있도록 한 점, 甲이 B지점장으로 근무 시 대출이 70억에서 50억으로 감소하였고 예대 마진도 지속적으로 줄어 10% 이상 감소하였으며, 대출업무를 제외하면 누구나 창구업무를 할 수밖에 없는 점 등을 고려하면 인사명령은 필요성이 인정된다고 판시하였습니다. 또한 생활상 불이익과 비교할 때 "전보처분 등이 권리 남용에 해당하는지 여부는 전보처분 등의 업무상의 필요성과 전보 등에 따른 근로자의 생활상의 불이익을 비교 교량하여 결정되어야 하고 업무의 필요에 의한 전보 등에 따른 생활상의 불이익이 근로자가 통상 감수하여야 할 정도를 벗어난 것이 아니라면 이는 정당한 인사권의 범위 내에 속하는 것으로서 권리남용에 해당되지 않는다(대법원 2007. 10.11. 선고 2007두11566 판결)는 점을 설시하며, 甲에 대하여 기본급에 차이가 없고 보복성 인사라고 단정 지을 만한 구체적인 증거자료가 없는 점 등을 고려하면 생활상의 불이익 등은 통상 근로자로서 감수하여야 할 정도를 현저하게 벗어난 것은 아니라고 판단하였습니다. 또한 "전보처분 등을 함에 있어서 근로자 본인과 성실한 협의절차를 거쳤는지의 여부는 정당한 인사권의 행사인지 여부를 판단하는 하나의 요소라고는 할 수 있으나, 그러한 절차를 거치지 아니하였다는 사정만으로 전보처분 등이 권리남용에 해당하여 당연히 무효가 된다고 볼 수 없다(대법원 2009. 3. 12. 선고 2007두22306 판결)"는 판례를 적용하여 6개월 단위로 인사 반영에 관한 고지를 하였으며 사용자의 인사권 제한사항을 두고 있지 않아 인사명령 시에 해당 근로자와 반드시 협의절차를 거쳐야 할 의무는 없으며 또한 1년 이상의 근무 시 전보 원칙에도 위배되지 않아 인사명령을 당연 무효라고 볼 수 없다고 판시하여 甲의 신청을 기각하였습니다.

3. 사안의 검토

전보에 관한 인사명령에 대하여 조합은 광범위한 재량권을 가지고 있습니다. 부장의 직급을 가진 甲도 조직 직제상 팀원으로 근무가 가능한 직제 개편이 있었기에 창구직원도 가능한 상황이었으며 지점에서 실적이 저조하므로 이러한 점 등을 감안하여 노동위원회에서도 정당한 전보 명령으로 판결한 것입니다. 만약 위 사안과 다르게 조합의 전보 규정이 미비한 반면 전보 받은 직원의 실적이 우수하고 최소한의 절차적 정당성이 없다고 가정한다면 사안에 따라 부당 전보로 판단할 수 있는 가능성은 있으므로 조합은 전보 등의 인사 시 제반 사정을 고려하여 명령하여야 할 것입니다.

경영상 해고

〈인천노동위 2015부해○○○, 중앙노동위 2016부해○○○

부당해고 구제신청, 신청인 甲, 피신청인 A신협〉

1. 해고

甲은 2010년도 A신협에 입사하여 부장으로 근무하고 있던 중 A신협은 신협중앙회로부터 2011년 9월 상호금융업감독규정 제12조의3에 따라 재무상태 개선요구를 받고 경영개선 계획 이행을 위한 경영개선 계획 이행 양해각서를 체결하였으며, 2013년 9월 제2차 양해각서를 체결하였습니다. 2014년 10월 신협중앙회는 경영개선 계획 미달성을 이유로 해당 이사를 교체할 것을 요구하였고 해당 이사는 2014년 11월 상임이사직에서 사퇴하였습니다. 2015년 2월 甲은 신협중앙회가 작성한 양해각서를 성실히 이행하고 경영개선계획을 달성하지 못할 경우 인력구조조정에 동의한다는 "인력구조조정 동의서" "MOU 이행확약서"에 서명하였습니다. 신협중앙회는 2015년 9월 A조합의 재무상태 등에 대하여 부문 검사를 실시한 결과 재무상태 개선조치 종료 요건을 갖추지 못하였다고 판단하여 인원을 감축하는 내용의 재무상태 개선 요구 조치 통보를 하였으며 2015년 10월 양해각서 미이행에 따른 해당 임직원 교체(사직)을 A조합에 요구하면서 甲을 명시하였고, A조합은 2015년 11월 정기이사회를 개최하여 甲의 사직 건에 대

하여 보고하였으며 甲이 사직서를 제출하지 않자 A조합은 2015
년 12월 甲을 해고하였습니다. 이에 甲은 인천지방노동위원회에
부당해고구제신청을 제기하였습니다.

2. 판정 : 인정

노동위원회는 대법원의 판결을 거시하며 경영상의 이유에 의한
당해 해고가 요건을 갖추어 정당한지 여부를 종합적으로 고려하
여야 한다고 하면서(대법원 2002. 7. 9. 선고 2000두9373 및 대
법원 2002. 7. 9. 선고 2001두29452 판결) 신협중앙회가 A조합
에 사직을 요구하며 甲을 명시한 점, 2015년 11월 정기이사회를
개최하여 보고한 점, 해고 예고를 하면서 신협중앙회의 교체 요
구 공문을 해고 근거라고 명기한 사실 등을 종합하면 긴박한 경
영상의 필요성이 인정되나 근로기준법 제24조에서 정한 해고 회
피 노력, 합리적이고 공정한 해고의 기준에 따른 대상자 선정 및
근로자를 대표하는 자에게 50일 전까지 통보하는 등 성실하게 협
의하는 절차 없이 甲을 해고하였으므로 부당하다고 판단하였습
니다. 이에 대하여 중앙노동위원회의 재심에서도 긴박한 경영상
의 필요성, 해고회피의 노력은 인정되나, 공정한 해고대상자의
선정이 이루어지지 않아 부당한 해고라고 판단하였습니다.

3. 사안의 검토

　신협중앙회의 경영개선요구에 의한 MOU체결로 책임자의 사퇴 해고 등에 관하여는 자진 퇴사인지 조건부 사직의 의사표시인지, 징계해고인지 등의 여러 가지 논점 적용 가능성이 있으나 본 사안에서는 경영상 해고에 해당하는지 여부가 문제되었습니다.

　노동위원회는 경영상해고의 요건 중 긴박한 경영상의 필요성 및 해고 회피의 노력은 인정되나 공정한 해고 대상자의 선정이 이루어지지 않았다고 판정하였는데 이는 MOU에서 근로자의 지정으로 인한 한계에서 비롯된 것으로 보입니다. 향후 정리해고로서 근로자 선정 부분을 보완한다면 정리해고의 모든 적법 요건의 충족이 가능하며, 다른 한편 MOU 서명 등이 자진 사직으로 이론 구성될 여지가 있어 경영 개선 명령 불이행 시 책임을 둘러싼 다양한 법리 검토가 요구된다고 판단됩니다.

감봉(징계사유 부존재)

〈서울노동위 2018부해○○○○

부당감봉구제 신청, 신청인 甲, 피신청인 A신협〉

1. 감봉

A신협 대출담담자 甲은 2016년도 A신협에 입사하여 대출업무 등을 담당하던 중 2016년 9월부터 10월까지 유통업을 영위하는 B주식회사의 담보대출로 약 10억원 대출을 시행하였습니다. A신협은 위 담보물에 대하여 C회사와 창고임대계약을 체결하였는데, 검찰은 육류담보 비리 사건을 수사하여 사기혐의로 B 주식회사 관련자들을 구속하였습니다. 이에 관하여 신협중앙회는 2017년 1월 및 6월에 A조합을 대상으로 검사를 실시하여 대출과 창고임치계약이 여신규정을 위반하여 "담보대출 및 창고관리"를 부적절하게 처리하였다는 사유로 A조합 이사장 乙에게는 견책 및 변상조치를 상무 丙과 甲에 대하여는 감봉 3월 및 변상조치를 요구하였습니다. 이에 대하여 甲은 신협중앙회에 재심을 청구하였으며 A조합은 丁변호사에게 '수입냉동육'이 담보로 취득할 수 없는 물건인지 여부와 담보물 보관 방법으로 제3자의 창고에 보관 관리하는 것이 가능한지 여부에 대한 자문한 결과, 담보가 가능하며 제3자의 창고에 보관해도 된다는 법률의견서를 회신 받았습니다. 그 후 신협중앙회에서는 재심위원회를 개최하고 감봉 1월과

변상을 요구하기로 결정하고 A조합은 2018년 5월 甲에 대하여 감봉 1월의 징계를 결정하였습니다.

2. 판정 : 인정

노동위원회는 甲이 A조합과 수입냉동육을 담보로 대출을 시행하기 전 관련 규정을 충분히 검토하는 등 임의로 담보대출을 시행하였다고 보기 어려우며 A조합 이외에 타 금융기관에서도 담보대출을 이미 오래전부터 시행하는 등으로 담보대출이 부적절하지 않고 여신업무 방법서에 위반하여 창고 보관 및 관리를 소홀히 하였다고 보기 어렵다는 이유로서 징계사유가 존재하지 않는다고 판정하였습니다.

3. 사안의 검토

노동위원회는 여신업무방법서 및 법률의견서에 의거 담보대출이 가능한 사안이기에 담보취급과정의 위법 부당은 없는 사실을 확인하였으나 창고 관리 의무를 위반하였는지 여부에 관하여 면밀하게 다루어지지는 않았습니다.

징계양정이 문제되는 사유는 많으나 징계 사유가 없다는 결정은 상당히 드뭅니다. 임직원 입장에서는 향후 발생할 수 있는 문제점을 사전에 인지하여 이에 관한 리스크를 방지하는 차원에서 징계 사례가 될 수도 있을 경우를 대비하여 위반 여부가 모호한 부분에 관하여는 사전에 법률적 검토를 통해 면책 여부를 확인할 필요성이 있다고 보아집니다. 관련 내부 규정의 최종적인 해석이 징계사유 여부를 판단함에 있어서 중요하다는 것을 다시 한 번 상기시켜 준 사안이었습니다.

징계면직(양형 과다)

〈전남노동위 2018부해○○○
부당해고 구제 신청, 신청인 甲, 피신청인 A신협〉

1. 징계면직

A신협 실무책임자인 甲은 1992년 A신협에 입사하여 대출업무 등을 담당하였습니다. 신협중앙회는 2017년도에 A조합에 관하여 부문검사를 실시한 후 2018년 6월 여신업무부당취급, 사금융 알선, 업무상배임, 금융실명거래위반 및 수신업무 취급 부적, 직원대출 취급 부적으로 인하여 징계조치를 요구하였으며 A조합은 2018년 7월에 甲에 대하여 징계면직을 의결하였습니다.

2. 판정 : 인정

노동위원회는 甲에 대하여 여신업무 부당 취급의 경우 대출연체에 대한 채권보전을 적극적으로 행하지 않아 이 사건 조합에 손해를 입힌 사실이 확인되었고, 금융실명거래 위반 및 수신업무 취급 부적 관련하여 신규거래 신청서나 예금청구서 등을 대필한 행위를 문제 삼지 않은 것은 하급 직원 관리 소홀로 징계사유에 해당되나 다만 비위행위 중 직원대출 취급 부적의 경우 근로자가 대출받을 시기의 주민등록표상에 어머니 소유의 주택으로 전입한 사실이 확인되어 대출금을 전세보증금 명목으로 지급하는 등의 사실을 징계사유로 인정하기 어려우며, 甲의 직접적인 행위보다는 관리 소홀에 따라 발생된 사정 등을 고려하여 징계양정이 과하여 부당하다고 판정하였습니다.

3. 사안의 검토

본 사안은 일부 징계사유가 사실관계를 확인 결과 불인정되었다면 불인정된 징계사유를 제외하고 인정된 징계사유 만으로 징계처분이 정당한지 여부를 판단한 사안입니다. 불인정된 징계사유가 중요한 비중을 차지하는 것이라면 징계양정이 과다하다고 볼 가능성이 높으며 그 반대로 불인정된 징계사유가 경미한 부분을 차지한다면 징계양정이 과다하지 않다고 볼 여지가 많습니다.

징계사유가 존재하는지를 먼저 철저히 검증하여 다투어 사실관계를 확정한 후에 징계양정은 이러한 사실관계를 토대로 과다 여부를 판단하여야 한다는 것을 다시금 확인시켜준 사안입니다.

다만 징계사유가 모두 인정되더라도 징계양정이 과하다고 판단한 사안도 있으나 이러한 경우는 드문 경우로서 유사사례와의 비교 검토를 거쳐 확인하여야 할 필요성이 있다고 할 것입니다.

정직 및 변상(인정)

〈전남노동위 2018부해○○○
부당정직 및 부당변상(예정) 구제신청, 신청인 甲, 피신청인 A신협〉

1. 정직 및 변상

A신협 상무 甲은 1993년도 A신협에 입사하여 2016년 상무로 승진하여 업무를 수행하였습니다. 신협중앙회는 2017년 12월에 신용대출한도 초과 취급, 신용대출 취급 부적, 이자 감면처리 부적절, 근저당권 임의 해지 연체대출금에 대한 법적조치 미이행 동일인 대출한도 초과 취급 사유 등으로 甲에 대하여 징계조치 요구를 하여 A조합은 2018년 1월 이사회를 통해 정직 1개월 및 신용대출취급부적으로 인한 손실액 중 3,000,000원의 손실액에 대하여 변상조치를 결의하였습니다.

2. 판정 : 인정

노동위원회는 첫째, 변상(예정) 처분과 관련하여 변상처분은 이 사건 근로자의 비위행위에 대한 제재로서의 성격이 내재되어 있는 "그 밖의 징벌"에 해당하므로 근로기준법 제23조 제1항 및 제28조 제1항에 따른 구제명령 대상으로 판단하고, 취업규칙 및 인사규정 등에서 변상 처분의 근거를 확인할 수 없으며 이에 대하여 업무상 필요성을 인정하기 어렵고, 둘째, 정직 1월의 징계에 관하여는 징계위원회에서 의결을 거쳐 징계할 수 있다고 규정되어 있으나 별도의 징계위원회를 구성하지 않았고 甲에게 징계처분 결과를 통지하지 않았으므로 절차적 하자가 있어 부당하여 정직 및 변상처분은 부당징계 및 부당변상 처분임을 판정하였습니다.

3. 사안의 검토

본 사안에서 정직 징계에 관하여는 징계위원회를 구성하는 등의 절차 위반으로 판정하였는데 이는 조합에서 단체협약 취업규칙 등에서 징계에 관하여 인사위원회의 구성 및 조직 등에 관하여 표준규정과는 별도의 규정을 둘 경우 그에 따르지 않아서 내려진 결론입니다. 만약 별도의 규정이 없다면 이사회에서 결의할 수도 있으나 다툼의 여지를 방지하기 위하여 인사위원회에 관한 규정 등을 명확하게 할 필요성이 있습니다. 또한 본 사안에서는 변상도 노동위원회의 구제대상인 그 밖의 징벌에 해당된다고 판정하였으나 다른 사안에서는 변상은 징벌이 아니어서 노동위원회의 구제대상이 아니라고 한 판정도 있음을 염두에 둘 필요가 있습니다.

정직 및 변상(부정)

〈충북노동위 2017부해○○○

부당정직 구제 신청, 신청인 甲, 피신청인 A신협〉

1. 정직 및 변상

A신협 甲은 2000년도 A신협에 입사하여 2017년 4월부터 여신전략팀장(부장)으로 여신업무를 총괄하고 있었습니다. 신협중앙회는 2014년 11월부터 2017년 3월까지 A조합에 대한 정기검사와 부분검사를 실시하여 甲에 대하여 여신업무 부당취급, 담보대출 취급부적 및 예금질권 부당해지, 대출업무 취급 부적, 경비집행 부적 등으로 징계 및 변상조치를 요구하였으며 A조합은 2017년 6월 정직 징계결의 및 통보를 하였습니다. 참고로 A신협은 5년의 징계시효 규정을 둔 바 있습니다.

2. 판정 : 부정(일부 인정)

노동위원회는 甲에 대한 변상처분이 근로기준법 제23조에 따른 '그 밖에 징벌'에 해당하는지 여부와 관련하여 A조합의 인사규정 및 신용협동조합법검사 및 제재에 관한 규정에서 징계종류를 징계면직, 감봉, 견책, 경고로 정하고 있으며 변상처분은 신분상의 제재조치에 해당하는 징계와는 달리 위법 부당한 행위로 조합에 재산상의 손실을 초래한 직원에게 변제하도록 하는 재정상의 조치에 불과하므로 '기타 징벌'에 해당되지 아니하여 부당해고의 구제신청 대상이 아니라고 판정하였습니다. 또한 징계사유와 관련하여 甲에 대한 여신업무 부당취급 및 담보대출 취급부적 및 예금질권 부당해지, 대출업무 취급 부적에 대하여는 비위일자가 검사 대상 기간(2014년 11월~2017년 3월)에 해당하지 않고 징계시효 5년이 도과하여 징계사유로 삼을 수 없으나 다만 나머지 경비집행 부적에 대한 징계사유는 인정되지만 징계행위의 직접 행위자가 아닌 보조자로서 정직 6개월의 양정이 과하여 사회통념상 타당성을 잃어 징계권자에게 맡겨진 재량권을 일탈 남용한 것으로 부당한 처분이라고 판정하였습니다.

3. 사안의 검토

변상처분이 징계 대상 행위인지에 관하여 부정적으로 본 사안입니다. 다른 노동위원회에서는 변상처분을 징계로서 노동위원회 구제대상으로 본 것과는 반대적인 결과를 도출한 것입니다. 현재 신용협동조합상의 변상에 대한 징계성 여부에 대한 최종적인 대법원 해석 등이 내려진 바 없어 앞으로 계속 노동위원회의 판단에 따라 판정 대상 행위로 인정될 수도 있고 부정될 수도 있습니다.

징계시효와 관련하여서는 이제는 신용협동조합법검사 및 제재에 관한 규정시행규칙에서 규정하였기에 징계시효의 존재 및 기간에 관한 논란은 어느 정도 해소가 되었으나 다른 쟁점은 여전

히 남아있습니다. 다만 징계처분에 대한 시효가 완성되었는지 여
부는 항상 선행적으로 검토하여야 할 필요성이 있습니다.

감봉 및 직권면직, 대기발령

〈전남노동위 2018부해○○
부당대기발령, 부당감봉, 부당면직 구제신청, 신청인 甲, 피신청인 A신협〉

1. 직권면직, 감봉, 대기발령

甲은 1995년도 A신협에 입사하여 조합 사무 등을 담당하던 중 2016년 11월 부당하게 징계면직 처분을 받아 전남지방노동위원회의 구제명령을 받고 복직하였으나, 원직인 본점 총무과로 발령받지 못하고 A신협 B지점 전산업무를 담당하게 되어 甲은 이를 거부하였습니다. A신협은 甲에 대하여 근로자가 재직할 당시 위규행위가 광범위하고 원직 복직한 이후 근무태도가 불량하며 A신협과 소송이 진행 중이라는 이유 등으로 2017년 10월 대기발령을 하였고 다시 개인정보 유출 등으로 2017년 11월 감봉 및 무단결근을 이유로 2017년 12월 직권면직 처분을 내렸습니다.

2. 판정 : 인정

노동위원회는 A조합의 직권면직에 대한 정당성과 관련하여 직권면직은 면직의 한 종류로서 사용자가 근로자의 동의 없이 일방적으로 근로관계를 해지하는 인사처분으로서 근로기준법 제23조의 제한을 받는 해고에 해당하며, 대기발령이 부당한 대기발령으

로 판정을 받은 이상 이에 응하지 않는 것을 해고 사유로 삼은 것
은 재량권을 일탈 남용한 것이며, 대기발령과 관련하여 인사규정
에서 정한 직무명령으로 징계에 해당하지 않으나 대기발령으로
임금 및 인사상 불이익이 존재하므로 근로기준법 제23조 제1항의
'그 밖의 징벌'에 해당하는데 근로자의 생활상의 불이익의 정도보
다 업무상의 필요성이 더 크다고 볼 수 없어 정당한 처분이라고
보기 어려우며 사용자와 근로자간의 소송이 진행되는 경우 대기
발령을 하는 것은 헌법이 정한 국민의 재판을 받을 권리와 법률
이 정한 당사자의 소제기 권리를 합리적 이유 없이 침해하는 것
이라고 판정하였습니다.

3. 사안의 검토

본 사안은 직권면직(참고로 직권면직은 징계면직과는 다릅니
다.), 징계, 대기발령에 관하여 노동위원회의 심판대상인 해고 및
그 밖의 징벌에 해당된다는 사실을 명확하게 하였기에 이에 관하
여 정당성을 확보하여야 하며, 신협중앙회의 징계조치처분 요구
가 아닌 조합의 자체적인 징계에 있어서도 신협 규정을 준용하거
나 관련 규정이 있다면 이를 준수하여야 하며 소송이 진행 중이
라는 이유만으로 대기발령이 정당하지는 않다는 사실을 다시금
확인시켜주었습니다.

징계면직(양형 적정)

〈충남노동위 2018부해○○○
부당해고 구제신청, 신청인 甲, 피신청인 A신협〉

1. 징계면직

甲은 1993년도 A신협에 입사하여 2010년 B지점 지점장으로 2011년 본점 여신팀장으로 2017년 전무로 근무하였으며 C종합개발 주식회사 대표이사 乙과는 초등학교 동창관계에 있습니다. C종합개발은 D토지를 매수함에 있어 잔금을 납부하지 못하자 甲에게 부탁하여 대출을 받도록 요청하였고 甲은 20억 원을 대출하고자 여신심의회 위원에게 대출서류를 제대로 보여주지 않은 채 2011년 대출심의를 진행하도록 하였습니다. 하지만 다른 근로자 丙이 위 대출이 대출상환을 초과하는 금액의 대출임을 인지하여 전무 丁에게 보고하자 대출상환 한도액인 15억까지 대출이 실행되었습니다. 이후 甲은 C종합개발회사가 부도위기에 처해 있음을 알고 있었음에도 채권회수의 조치를 취하지 않은 채 2억 원의 추가 대출을 실행하다가 丁의 결재 미처리에 의해 실현되지 않았습니다. C종합개발은 관련 토지에 대해 담보신탁을 하였는데 甲은 우선수익자 지정 시 참여하지 않는 등 채권회수의 조치를 이행하지 않아 징계면직 및 80,000,000원의 변상을 통보받았습니다.

2. 판정 : 기각

노동위원회는 여신업무부당취급과 관련하여 지인에게 무리하게 대출을 실행하였으며 채권회수 절차를 진행하지 않았고 지상권 사용 동의 등으로 채권회수의 기회를 잃었으며 추가 담보 취득할 기회를 상실한 등으로 7억 원의 손실이 발생한 사정 및 특정인에 대한 편의 제공 관련하여 법무사의 비용을 지불하여 주었으며 대출이 연체 중임에도 추가 대출이 진행된 점 등을 감안하여 징계 사유가 있음을 인정하였고 징계양정 또한 甲의 고의 중과실로 조합에 손실을 끼친 점을 고려할 때 적정하다고 판정하였습니다.

3. 사안의 검토

대출시 관련 여신업무방법서 등의 관련 규정을 준수하여야 함과 대출금 회수 기회를 상실하지 않고 직무를 이행을 하여야 하며 특히 친분 관계가 있는 자에 대한 대출 시에는 여신 등 관련 규정을 준수하여야 한다는 사실을 알려 준 사안입니다. 또한 업무 처리 시 고의뿐 아니라 중과실시에도 징계의 정당성이 인정되며 채권의 미 회수액의 금액이 크거나 회수가 어려운 경우에는 징계 면직이 과하지 않을 수도 있음을 확인시켜 주었습니다.

지점 전보 발령

〈부산노동위 2017부해○○, 중앙노동위2017부해○○○

부당인사 구제신청, 신청인 甲, 피신청인 A신협〉

1. 인사명령(지점 전보 발령)

甲은 1987년도 A신협에 입사하여 실무책임자(상무)로 근무하던 중 임직원 윤리강령 및 윤리행동지침 위반, 부실대출에 따른 업무상 배임 등의 이유로 2016년 10월부로 징계해고 되었다가 같은 해 12월 징계사유 중에 부실대출에 따른 배임만이 인정되어 해고는 부당해고로 판정받아 2017년 2월 복직되었으나 원직인 실무책임자로 복직을 하지 아니하고 대출업무 담당자로 업무분장을 변경하여 복직이 되었으며 다만 상무의 직급은 유지가 되었습니다. A신협은 2017년 직제규정을 변경하였는데 변경 이전에는 상무는 실무책임자 직책만이 될 수 있었으나 변경 이후에는 상무는 실무책임자뿐 아니라 지점장, 팀장, 실장, 팀원의 업무도 가능하도록 하였습니다.

2. 판정 : 기각

甲은 인사명령이 부당하다며 구제신청을 하자 노동위원회는 첫째로 담당직무를 변경한 것이 업무분장에 불과하여 노동위원회의 구제대상인지 여부에 대하여 논란이 있었는데 업무내용을 종전과 다르게 대출담당을 하도록 명령한 것은 '배치전환'에 해당하고 부당한 배치전환은 근로기준법 제23조 제1항의 '부당해고 등'에 해당하여 노동위원회의 구제대상이 되며, 둘째로 정당한 인사명령인지 여부를 살펴보면 甲은 상임이사와 갈등이 있었고 동료직원이 함께 근무할 수 없다는 탄원서 등을 제출하였으며 비위행위가 적발되었던 사정 등을 고려하면 인사명령은 업무상 필요성이 인정되며, 상무직급은 유지되고 있고 출퇴근이나 임금 등 생활환경에도 별다른 영향이 없는 점, 직급이 낮은 지점장과 함께 같은 지점에서 근무하여야 하는 불편함이 있으나 이것이 업무 수행에 큰 장애가 된다고 볼 수 없다는 점 등을 고려하면 甲에게 통상 감수하여야 할 정도를 벗어난 생활상의 불이익이 있다고 보기 어려워 정당한 인사명령이라고 판정하였습니다.

3. 사안의 검토

노동위원회는 전보 명령이 부당인사 구제대상임을 확인하여 주었으며 전보 인사명령인 전보 전직은 원칙적으로 인사권자의 권한에 속하므로 업무상 필요한 범위 내에서 사용자는 상당한 재량을 가지며 근로기준법에 위반되거나 권리남용에 해당되는 등의 특별한 사정이 없는 한 유효하고 전보 처분 등이 권리남용에 해당하는지 여부는 전보처분 등의 업무상의 필요성과 전보 등에 따른 근로자의 생활상의 불이익을 비교 교량하여 결정되어야 하고 업무상의 필요에 의한 전보 등에 따른 생활상의 불이익이 근로자가 통상 감수하여야 할 정도를 벗어난 것이 아니라면 이는 정당한 인사권의 범위 내에 속하는 것으로서 권리남용에 해당되지 않는다는 판시에 기초하여 판정하였습니다.(대법원 1995. 10. 13. 선고 94다52928)

부당인사 인지 여부를 판단하기 위하여 업무상 필요성, 생활상 불이익 여부, 시전협의 여부 등을 종합적으로 고려하여야 할 것이며 인사명령도 직무규정의 범위 내에서 이루어져야 하고 인사명령이 행하여진 정황 등도 정당한 명령이었는지를 가늠하는 중요한 자료가 되는데 본 사안에서는 甲이 기존 업무로 인하여 징계를 받은 것도 고려의 대상이 된 것으로 판단됩니다.

중앙회와 조합의 징계 양정

〈경북노동위 2017부해○○○, 중앙노동위2017부해○○○

부당해고 구제 재심신청, 신청인 甲, 피신청인 A신협〉

1. 징계면직

甲은 1990년 9월 A신협에 입사하여 ㅁㅁ지점 지점장으로 근무하던 중 '대출금불법취급', '사후관리 소홀로 인한 대출의 부실 발생', '대출취급 사후 관리 불철저', '대출 취급 불철저' 등을 이유로 2016년 12월 정기이사회를 통해 징계면직 처분을 받았으며, 이에 불복하여 2017년 3월 재심의를 신청하였으나 재심의에서 원처분과 동일하게 징계면직을 의결하였습니다. 그러던 중 수석감사 乙은 2016년 12월 위 자체감사 결과에 대하여 신협중앙회에 검사를 요청하였고, 신협중앙회는 이에 대해 같은 달 31일 부문검사를 실시하고 2017년 3월경 A조합에게 4건의 대출 중 丙 대출을 제외한 3건과 관련하여 '담보물 취득 부적', '대출관련 서류 미징구 및 기한 연장 부적'을 사유로 甲에 대하여 감봉 1월의 징계조치를 요구하였습니다. 이후 甲은 A조합의 징계면직에 불복하여 징계면직처분은 부당하다며 2017년 3월 경북지방노동위원회에 구제를 신청하였습니다. 초심지노위는 2017년 5월 징계사유 및 절차는 정당하나 징계양정이 과하다고 보아 甲의 구제신청을 인용하는 판정을 하였으며 A조합은 2017년 6월 초심판정의 취소를 구하는 재심을 신청하였습니다.

2. 판정 : 인정

노동위원회는 甲이 대출 업무를 수행하면서 관련규정을 준수하지 않은 행위는 이 사건 조합 복무규정 등을 위반한 행위로서 정당한 징계사유에 해당한다고 판단하였습니다. 하지만 신협중앙회가 이 사건 사용자의 자체감사결과와 관련하여 감봉 1월의 경징계를 요구하여 이 사건 사용자인 A조합의 징계양정과 상당한 차이가 있는 점, 2011년 이후 소속 직원에게 징계면직 처분을 한 사례가 없었던 점 등을 종합적으로 고려하여 甲의 행위가 징계사유에 해당한다고 할지라도 그 징계사유에 대한 징계처분은 상당할 정도의 비례관계가 유지되어야 하나, 이 사건 징계양정은 사회통념상 현저하게 타당성을 잃어 사용자에게 맡겨진 재량권의 범위를 벗어나 부당하다고 판정하였습니다.

3. 사안의 검토

노동위원회는 징계사유에 대하여는 인정할 수 있다고 하였으나 징계양정을 고려할 때 신협중앙회의 징계조치요구시의 양정(정직 1월)과 조합 자체적인 양정(징계면직) 사이에 차이가 있는 등의 이유로서 징계 재량권의 일탈이라고 판정한 것입니다. 신협중앙회와 조합 사이의 징계처분의 양정에 차이가 없도록 하기 위하여는 A조합이 징계를 하여야 한다면 신협중앙회의 징계조치 요

구를 감안하여 징계조치를 하여야 향후 재량권의 남용의 여지를
제거할 수 있으며 조합의 자체적인 징계조치 전 신협중앙회의 징
계가 진행되고 있다면 이러한 사실 등을 감안하여 징계절차를 진
행하여야 할 것입니다.

징계 사전 및 사후 통지

〈경남노동위 2018부해○○○, 중앙노동위2018부해○○○

부당해고 구제 재심신청, 신청인 甲, 피신청인 A신협〉

1. 징계면직

甲은 1985년 4월에 A신협에 입사하여 전무로 근무하던 중 2018년 4월, A조합은 甲에게 이사회에 출석하라는 출석 통지서를 발송하였는데, 출석 통지서의 출석 이유 란에 '간부직원 징계의 건'이라고만 기재하였을 뿐 징계사유를 명시하지 않았습니다. 甲은 A조합에게 징계사유를 수차 물었으나 A조합 이사장은 지난 이사회 의사록을 보거나 이사회에 참석하여 소명하라고만 할 뿐 징계사유가 무엇인지 알려주지 않았습니다. 2018년 4월 이사회에서 A조합은 甲에 대하여 "조합의 저성장, 신협 임직원 조합원에 대한 윤리강령을 미이행함, 수익 감소로 인해 조합원이 받은 불이익, 간부직원의 전횡, 간부직원의 업무태만, 직무수행능력 부족, 노조 탄압 등" 7가지 사유로 인한 징계면직을 의결하였으며 甲에게 2018년 4월에 해고를 통보하였습니다. 이에 대하여 甲은 2018년 4월 경남지노위에 구제신청을 하였고 지노위는 2018년 6월 이사건 해고는 절차상 하자가 있어 부당하다고 판정하였으며 A조합은 2018년 7월 초심지노위 판정서를 송달받고, 이에 불복하여 2018년 7월 중앙노동위원회에 재심을 신청하였습니다.

2. 판정 : 인정

노동위원회는 甲의 지위와 관련하여 甲이 상무로 승진하여 지배인으로 등기된 이후에도 자신의 전결권 없이 이사장 지시 하에 업무를 처리해 왔으므로 임금을 목적으로 종속적 관계에서 사용자에게 근로를 제공한 근로기준법상 근로자에 해당한다고 판정하였습니다.

또한 피징계자의 변명 또는 소명자료의 제출 등 방어권의 행사, 나아가 그러한 방어권의 포기는 피징계자가 징계사유를 알고 있음을 전제로 하는 것이며 (대법원 1994. 1. 28. 선고 92다45230 판결 참조), 근로기준법 제27조는 사용자가 근로자를 해고하려면 해고사유와 해고시기를 서면으로 통지하여야 그 효력이 있다고 규정하고 있는데, 이는 해고사유 등의 서면통지를 통해 사용자로 하여금 근로자를 해고하는 데 신중을 기하게 함과 아울러, 해고의 존부 및 시기와 그 사유를 명확하게 하여 사후에 이를 둘러싼 분쟁이 적정하고 용이하게 해결될 수 있도록 함과 동시에 근로자에게도 해고에 적절히 대응할 수 있게 하기 위한 취지라고 한 것이라고 판시하면서, 사용자가 해고사유 등을 서면으로 통지할 때는 근로자의 처지에서 해고의 사유가 무엇인지를 구체적으로 알 수 있어야 하고, 특히 징계해고의 경우에는 해고의 실질적 사유가 되는 구체적 사실 또는 비위내용을 기재하여야 하며 징계대상자가 위반한 단체협약이나 취업규칙의 조문만 나열하는 것으로는 충분하다고 볼 수 없다(대법원 2011. 10. 27. 선고 2011다42324 판결 참조)는 판례를 설시하였습니다.

더욱이 출석통지 후 이 사건 근로자들이 이 사건 사용자에게 징계사유가 무엇인지 물었음에도 지난 이사회 의사록을 보라고만 할 뿐 징계를 위한 이사회 개최 시까지 이를 알리지 않았으며 해고사유로 "① 조합의 저성장 ② 신협 임직원 조합원에 대한 윤리강령을 미이행함 ③ 수익 감소로 인해 조합원이 받은 불이익 ④ 간부직원의 전횡 ⑤ 간부직원의 업무태만 ⑥ 직무수행능력 부족 ⑦ 노조 탄압 등"이라고만 기재하였으며 이사회의 출석 통지서를 발송하며 출석 이유를 명시하지 않아 인사규정에서 정하고 있는 甲의 소명기회를 박탈하였고, 해고 통지 시 해고사유를 포괄적으로 기재하여 해고사유를 구체적으로 알 수 없게 하였으므로 근로기준법에서 정하고 있는 서면통지 조항을 위반하여 이 사건 해고는 부당하다고 판정하였습니다.

3. 사안의 검토

노동위원회는 조합의 상무 전무의 지위에 있는 자가 등기되어 있다고 하더라도 근로자성이 인정된다고 판단하였으며, 징계권자는 징계 대상자의 방어권 보장을 위하여 징계위원회의 출석을 위한 사전 통지뿐 아니라 징계 결의가 이루어진 이후의 사후 통지시에도 징계 사유를 구체적으로 기재하여야 한다는 사실을 다시금 확인시켜 주었습니다.

대출 부적

〈경남노동위 2018부해○○○, 중앙노동위2018부해○○○

부당해고 구제 재심신청, 신청인 甲, 피신청인 A신협〉

1. 징계면직

甲은 2012년 8월 A신협에 입사하여 부장으로 여신(대출)업무를 하던 중 중도금 대출을 철저히 취급하지 않았다는 이유 등으로 2016년 7월 징계면직 처분을 받았습니다. 그 내용인 즉 甲이 2013년 8월 첫째로 채무자들이 제출한 분양계약서상의 중도금(1~5차) 납입일이 경과하였음에도 중도금을 전혀 내지 않았는데 이는 중도금 대출 조건에 어긋나는 점, 채무자의 연소득 대비 분양받은 개수가 과다하여 상환능력이 미흡한 점 등으로 보아 중도금 대출을 취급할 수 없었고, 시행자 및 시공사의 재무현황과 시공능력을 등을 충분하게 파악하지 않은 상태에서 총 60건, 20억 원의 중도금 대출을 실행하여 손해를 발생시킨 것, 둘째로 2013년 9월 A조합 정기이사회의 '집단대출 추인 및 승인의 건' 의결 시 2013년 7월까지 분양계약서 지정계좌에 계약금 입금내역이 전혀 없어 공사비 부족으로 공사가 중단되어 있었던 사실을 보고하지 않은 점 등으로 중도금 대출을 철저하게 취급하지 않은 사유 등으로 신협중앙회로부터 2016년 직권면직 조치 요구를 받았습니다.

이에 甲은 신협중앙회의 재심을 거쳐 2016년 7월 27일 지방노동위원회에 구제를 신청하였습니다.

2. 판정 : 기각

노동위원회는 첫째, 중도금 대출을 철저하게 규정에 의거하지 않아 조합에 손해를 입힌 것, 둘째, 수분양자들이 계약금을 입금하지 않아 공사비 부족으로 공사가 중단된 것을 정기이사회에서 보고하지 않은 것과 분양률과 대출실행 과정을 정기이사회에서 허위로 보고한 것은 징계사유에 해당한다고 판시하였습니다.

또한 징계(해고)양정의 적정성 여부와 관련하여 부실대출에 따른 A조합의 잠정 피해금액이 20억 원이고, 이 금액은 이 사건 조합의 자본금(70~80억 원)과 비교할 때 매우 큰 액수인 점, 건축공사의 진행정도 등의 상황을 수시로 체크하여 공사 준공과 동시에 채권보전을 위한 법적, 실무적 장치를 신속하게 취할 수 있도록 조치해야 할 의무가 있다고 할 것임에도 불구하고 준공기일조차 제대로 파악하지 아니하는 등으로 채권보전책 강구를 위한 적극적인 노력을 하지 않은 책임이 매우 크다고 할 수 있는 점 등을 종합적으로 고려하여 그 징계양정이 과하다고 할 수 없다고 판정하였습니다.

3. 사안의 검토

노동위원회는 실무자가 대출 실행에 있어서 대출 관련 제반 규정을 준수하여야 하며 이를 위하여 이사회에 진실된 사실을 보고하여야 하는 등 대출을 실행함에 있어서 이행하여야 할 절차적 사항을 판시하였으며 A조합의 피해액수를 감안하여 직권면직이 정당하다고 판정하였습니다.

경비부당집행

〈부산노동위 2018부해○○○,
부당해고 구제 신청, 신청인 甲, 피신청인 A신협〉

1. 징계면직

甲은 2002년 11월 A신협에 입사한 후 2012년경 전무로 근무하던 중 신협중앙회로부터 2018년 3월에 '경비 부당 집행(불법 자금 조성) 등, 후순위차입금 부당 조성'을 징계사유로서 조치 요구를 받아 A신협은 甲에게 면직 및 변상 결정을 하였습니다. 甲은 2018년 4월 신협중앙회의 조치 요구가 부당하다며 재심을 청구하였고, 신협중앙회는 2018년 5월 제재심의위원회를 개최하여 '직원제재의 감면사유에 해당하지 않으며 표창감경규정도 적용되지 않는다'고 하여 재심 청구를 기각하였습니다. 이에 대하여 甲은 2018년 6월 면직 처분의 부당성을 이유로 지방노동위원회에 구제를 신청하였습니다.

참고로 A조합은 공급업자와 결탁하고 구입하지 아니한 물품을 구입한 것처럼 허위계산서를 발급받아 정산 후 조합에서 바로 현금을 수취하는 방법 등'으로 총 8천만 원을 횡령하였다는 이유로서 형법 제356조(업무상의 횡령과 배임) 위반 혐의로 수사기관에 고발하였으나, 부산지방검찰청은 2018년 7월 본인의 이익을 취하려는 의사가 부수적이고 횡령 또는 배임의 고의성에 대한 증거가 불충분하다는 이유로 '불기소(혐의없음)'처분하였습니다.

2. 판정 : 인정

노동위원회는 첫째로 경비 부당 집행(불법 자금 조성 등)의 징계사유와 관련하여 甲이 ① 조합 법인카드로 상품권을 구입하고 그 상품권을 재차 현금화하는 방법 ② 물품 구입 시 공급업자와 결탁하고 구입량을 과다 계상하여 정산 후 과다 계상된 차액분을 현금으로 반환받는 방법 ③ 공급업자와 결탁하고 구입하지 아니한 물품을 구입한 것처럼 허위계산서를 발급받아 정산 후 조합에서 바로 현금을 수취하는 방법 등을 통하여 2010년 2월부터 2016년 3월까지 기간 중 25회에 걸쳐 8,392만원의 경비를 허위로 집행하였다고 판단하였습니다. 또한 후순위 차입금 부당 조성과 관련하여 甲은 후순위 차입금을 조성하기 위하여 후순위 차입자에 대하여 인센티브와 여행경비 등을 부당하게 지원한 것으로 판단되기에 A조합의 후순위차입금업무방법서 제4조에 정한 규정을 위반한 사안으로 '신용협동조합검사 및 제재에 관한규정' 제5조 제3호의 제재대상에 해당하므로 甲이 A조합의 간부직원으로서 조합원의 재산을 보호하고 선량한 관리자의 의무를 다하여야 함에도 불구하고 불건전한 방식으로 조성한 자금을 부당하게 집행한 것으로 판단하였습니다.

다만 징계양정과 관련하여 비록 실무책임자로서 신용협동조합 관계 법령 및 규정을 준수해야 할 지위에 있음에도 이를 위반한 비위행위는 인정되나, 그 행위의 동기와 실제 이 사건 조합이 입은 손실 등에 비추어 볼 때 이 사건 해고처분은 징계권자에게 맡겨진 재량권을 남용한 처분인 것으로 판정하였습니다.

3. 사안의 검토

본 사안은 경비부당집행의 사유를 인정하나 다른 한 편 횡령 등의 무혐의처분을 고려하여 징계재량권의 남용으로 판정한 것입니다. 징계 사유가 경비부당집행인 사안이라면 횡령죄에 해당될 수 있어 비위행위에 대하여 고소 고발이 가능하나 수사기관에서 이를 무혐의처분을 한다면 이러한 결과가 징계 대상 행위 판단에도 영향을 미치므로 이러한 제반 사정을 고려하여 고소 고발을 진행하여야 할 것입니다.

사직서 제출

〈전북노동위 2018부해○○○,
부당해고 구제 신청, 신청인 甲, 피신청인 A신협〉

1. 징계면직

甲은 2012년 6월 A신협에 입사하여 여신·수신원으로 근무하던 중 2015년 희망퇴직일을 같은 해 7월로 하는 사직서를 A신협에 제출하였는데 사직서 수리 후 A신협 이사회는 2015년 7월 이 사건 근로자에 대한 징계면직을 하였으며 또한 甲을「개인정보 보호법」및「금융실명거래 및 비밀보장에 관한 법」위반을 이유로 수사기관에 고소하였습니다. 이에 甲은 사직서는 A조합의 강요에 의하여 작성되었다고 주장하며 지방노동위원회에 구제를 신청하였습니다.

2. 판징 · 각하

노동위원회는 甲이 제공하는 사직서 양식이 아니라 인터넷에서 내려 받은 사직서 양식을 사용하여 스스로 사직서를 작성하여 제출한 것으로 보이는 점, 승진시험에 불합격하였다고 퇴직한다는 관행이 형성되었다고 보기 어려운 점, 사직서를 수리하기 전에 사직서 철회를 이 사건 사용자에게 요청하였다고 주장하나 이를 입증할 만한 구체적인 자료가 없는 점을 고려하면 자발적인 사직서 제출로 볼 수 있다고 판난하였습니다.

또한 甲이 사직서를 제출한 것은 청약의 의사표시이고 이에 대해 이 사건 사용자가 사직서를 수리한 것은 승낙의 의사표시이므로 이 사건 근로자가 사직서 제출을 통하여 한 사직의 의사표시는 이 사건 사용자가 위 사직서를 수리함으로써 사직의 효력이 발생하였다고 할 것이므로, 비록 이 사건 사용자가 이 사건 근로자의 사직에 대하여 이 사건 사용자의 내부적 절차인 이사회의 승인을 받지 않았다고 하더라도 이 사건 근로자의 사직의 효력이 무효가 된다고 보기도 어려운 점 등을 종합하여 보면, 이 사건 사용자와 이 사건 근로자의 근로계약관계가 이 사건 근로자의 사직일자인 같은 해 7월 ○○일 종료되므로 이 사건 해고에 대한 구제이익은 없다고 할 것이라고 판단하며 해고의 정당성 여부에 대해서는 더 나아가 살펴볼 필요가 없다고 판정하였습니다.

3. 사안의 검토

본 사안은 직원이 사직의 의사를 표시한 것이 강요에 의한 것이었는지에 관한 판단기준을 제시하였습니다. 또한 사직서 제출 후 징계를 받은 경우 징계가 부당하다고 노동위원회에 구제신청을 한다면 사직서 제출이 적법하다면 각하 판정을 받을 것이라는 사실을 확인해 주었습니다. 따라서 사직 등으로 근로관계가 종료된 후 징계처분을 받았으며 이러한 징계처분이 부당하다고 다툴 경우 민사소송을 통해 구제를 받아야 할 것입니다.

가중한 징계 의결

〈강원노동위 2018부해○○○,
부당해고 구제 신청, 신청인 甲, 피신청인 A신협〉

1. 징계면직

甲은 1989년 10월 A신협에 입사하여 2016년 5월 ○○지점 차장으로 근무하던 중, 2016년 6월 신용협동조합중앙회는 甲에 대하여 "특정직원에 대한 특별상여금 지급부적"의 사유로서 A조합에게'부문검사결과 통보 및 조치요구'를 하였고 2016년 10월 신용협동조합중앙회는 같은 해 6월 징계요구안을 견책에서 경고로 감경한다는 내용의 조치요구를 하였습니다.

A조합은 2016년 10월 인사위원회를 개최하여 甲에 대하여 "① 특정직원에 대한 특별상여금 지급 부적 보조자 ② 윤리행동지침 미준수 ③ 임·직원의 기본 준수 위배"의 사유로서 '징계면직'을 의결하였으며 2016년 10월 정기이사회가 개최되어 甲에 대한 징계면직을 승인하였습니다. 이에 대하여 甲은 2016년 10월 ○○일 행한 해고는 부당해고에 해당한다며 같은 달 31일 지방노동위원회에 구제를 신청하였습니다.

2. 판정 : 인정

　노동위원회는 첫째, '부적합한 업무처리'징계사유와 관련하여 신용협동조합중앙회에서 실시한 부문검사 결과통보서에 2009년도 특별상여금 지급 업무와 관련하여 이 사건 근로자가 보조자로 명시되어 있는 점 등을 고려하면, 이 사건 근로자가 당시 乙전무의 지시가 있었다 하더라도 특별상여금 지급 기준과 달리 문서를 기안함으로써 乙전무에게 특별상여금이 과다하게 지급되도록 한 것은 징계사유에 해당된다고 판정하였습니다.

　둘째, '문서 불법파기 및 관련 파일 불법유출, 검사방해' 징계사유와 관련하여 USB를 사무실 내에서만 사용하였다고 주장하고 있고, 관련 자료를 외부로 유출하였다는 사실이 확인되지 않는 점 등을 고려하면 이에 관하여는 징계 사유에 해당한다고 보기 어렵다고 판정하였습니다.

　또한 셋째, '조합인사, 청탁의 금지행위 부적 등' 징계사유와 관련하여 乙 전무에게 고급 패션시계를 제공하였는지 여부와 제공되었을 경우 같은 시계를 금액으로 환산하면 어느 정도 가치가 있는지 여부 등에 대해서는 조사가 이루어지지 못하였으며, 이를 입증할 객관적인 자료도 없다는 이유로 징계사유에 해당되지 않는다고 판시하였습니다.

　징계양정의 적정성 여부와 관련하여 첫째 신용협동조합중앙회에서 이 사건 사용자에게 요청한 징계요구안의 이 사건 근로자에 대한 징계양정은 '경고'임에도 불구하고, 이 사건 사용자가 같은 징계요구안의 징계양정을 현저하게 상회하는 '징계면직'의 중징계 처분을 하면서도 이에 대한 합리적인 이유를 제시하지 못하는 점, 둘째 '신협검사 및 제재에 관한 규정 시행규칙'에 '행위자'는 위법·부당한 업무처리를 실질적으로 주도한 자, '보조자'는 행위자의 의사결정을 보조하거나 지시에 따른 자라고 규정되어 있고, 같은 규칙에 징계양정 일반기준에 비위의 유형에 따라 비위의 도가 심하거나 중과실이 있는 경우 징계면직에 처하도록 규정하고 있으나, 이 사건 근로자의 징계사유에서 이 사건 근로자는 보조자에 불과한 점 등을 고려하면 이 사건 사용자가 이 사건 근로자의 징계사유를 이유로 행한 징계면직 처분은 사회통념상 현저하게 타당성을 잃어 사용자의 재량권 범위를 벗어나 징계권을 남용한 것으로 볼 수 있다고 판정하였습니다.

3. 사안의 검토

본 사안은 신협중앙회에서 징계조치요구를 한 징계사유 이외에 징계사유를 추가하여 인사위원회에서 결의가 이루어졌으며 징계양정도 신협중앙회에서의 경고 조치 요구를 훨씬 상회하는 징계면직을 하였는데, 노동위원회에서는 A조합의 징계의결의 대상 징계사유의 일부가 인정되지 않을 뿐 아니라 신협중앙회의 징계양정과도 괴리가 있어 징계재량권의 일탈 남용에 해당한다고 판정한 것입니다. 신협중앙회에서의 징계조치 요구 사항 및 양정이 현저히 불합리하지 않는다면 조합에서는 이러한 조치 요구 사항과 다르게 이유 없이 가중된 징계의결을 한다면 이는 재량권 남용으로 판단 받을 수 있다는 것을 염두에 두어야 할 것입니다.

대기발령(기각)

〈전남노동위 2018부해○○○,
부당대기발령 구제신청, 신청인 甲, 피신청인 A신협〉

1. 대기발령

甲은 1995년 10월 A조합에 입사하여 ○○지점 지점장으로 근무하고 있었는데, 금융감독원은 2013년 3월부터 같은 해 4월까지 A조합에 대하여 부문검사(대출취급 및 사후관리의 적정성 등 6개 항목)를 실시하고, A조합에게 조치요구사항을 통보하였으며, 신용협동조합중앙회는 2013년 5월과 8월 이 사건 사용자에 대해 부문검사를 실시하였고, 9월 A조합에게 '담보대출 취급 부적'(자동차담보대출 2건, 6억 7,000만원을 선지급하면서 담보물인 자동차에 근저당권을 설정하지 않은 사실에 대한 지적) 및 '대출모집관리기준 위배'의 지적사항에 대해 조치를 요구하였습니다. A조합 이사회는 2016년 9월 정기회의를 개최하여 '대출금 손실발생 관련자 변상조치의 건'과 '직원 직권정지 및 직무정지의 건'을 의결하였는데, 의결 내용에는 위 '담보대출 취급 부적'과 관련하여 甲에 대한 변상조치 요구 및 직무정지를 승인하는 내용이 포함되어 있었습니다. 甲은 대기발령이 부당하다며, 2016년 9월 지방노동위원회에 구제를 신청하였습니다.

2. 판정 : 기각

　노동위원회는 우선 대기발령이 이중징계에 해당하는지 여부를 판단하였는데 첫째로 이 사건 대기발령이 이중징계에 해당하려면 선행처분과 후행처분이 모두 법적 성질상 징계처분이어야 하나, 이 사건 사용자의 인사규정상 대기발령은 징계의 종류로 규정되어 있지 아니한 점, 이 사건 사용자의 인사규정 제60조제1호에서는 '사건의 확대를 방지하고 수습하기 위하여 행위자 또는 관련자의 직권 또는 직무정지가 필요할 때'를, 같은 규정 제22조제1항제5호에서는 '직권정지 또는 직무정지를 받은 경우'를 이 사건 사용자가 대기발령 조치를 할 수 있도록 규정하고 있어, 그 내용으로 볼 때 대기발령은 근로자의 특정행위에 대하여 행해지는 처분이라기보다는 '사건의 확대방지', '사건의 수습' 또는 '직권정지 등의 명령'에 따라 수반되는 인사조치의 일종으로 판단되는 점, 기타 이 사건 사용자의 대기발령 조치가 징벌에 해당하는 것으로 볼 객관적 자료가 없는 점 등을 종합할 때, 이 사건 대기발령은 이 사건 사용자의 업무상 필요로 내부 규정에 따라 행한 인사권의 일환이라고 할 것이어서 이중징계에 해당한다고 할 수 없다고 판정하였습니다. 또한 이중징계가 아니라면 대기발령의 정당성 여부를 살펴보면 대기발령의 업무상의 필요성과 그에 따른 근로자의 생활상의 불이익과의 비교교량, 근로자와의 협의 등 대기발령을 하는 과정에서 신의칙상 요구되는 절차 준수 등을 판단함에 있어 우선 업무상의 필요성 여부에 관하여는 인사규정 제60조제1호에서는 "중대한 부정, 불상사고가 발생하여 사건의 확대를 방지하고 수습하기 위하여 행위자 또는 관련자의 직권 또는 직무정지가 필요할 때”에 대기발령 조치를 할 수 있도록 규정하고 있으며, ‘신협검사 및 제재에 관한 규정시행규칙’ 제52조제1항은 “변상책임은 임, 직원이 업무상 고의 또는 중대한 과실로 인하여 조합에 재산상 손해를 끼쳤을 때에 발생한다.”라고 규정하고 있으므로, ‘사건의 수습’ 방법 중 하나로 대기발령 조치를 인정할 수 있는 점 등을 고려하여 대기발령의 업무상 필요성이 인정되며, 생활상 불이익 및 협의절차 준수 여부에 관하여는 이 사건 대기발령에 대하여 이 사건 근로자의 근무 장소 변경 외에 달리 불이익에 대하여 구체적으로 주장되는 바가 없기에, 이 사건 대기발령은 업무상 필요성에 대비하여 생활상의 불이익이 크지 않을 것으로 보이며, 이사회의 개최, 소명 등이 이루어져 이 사건 대기발령은 절차적으로도 하자가 없는 것으로 판단되기에 부당한 인사명령으로 볼 수 없다고 판정하였습니다.

3. 사안의 검토

본 사안에서 대기발령이 이중징계에 해당하는가 여부에 관한 기준을 제시하였으며 또한 관련규정 등을 검토한 결과 이중징계는 아니라고 판정하였으며 업무상 필요성 및 생활상의 불이익의 비교교량 및 절차 등의 기준을 통해 대기발령의 정당성 여부를 판단하였습니다. 대기발령을 함에 있어서 위와 같은 기준을 고려하여 대기 발령의 적합성 기준에 부합하는지 여부를 검토, 확인하여야 할 것입니다.

징계양정

〈인천노동위 2016부해○○○,
부당해고 구제 신청, 신청인 甲, 피신청인 A신협〉

1. 징계면직

甲은 1984년 3월 A신협에 입사하여 전무로 근무하던 중 신협 중앙회 등에 민원을 제기한 바 있으며, A신협은 2016년 3월 정기 이사회를 개최하여 "복무규정" "위반근무태도 불량 및 업무실적 불량" "고의 또는 과실로 분쟁을 야기하여 업무에 장애를 일으키는 경우"의 징계사유로서 甲에 대하여 징계면직(해고)을 결의하였습니다. 이에 甲은 징계면직은 부당해고에 해당한다며 지방노동위원회에 구제를 신청하였습니다.

2. 판정 : 인정

노동위원회는 징계사유와 관련하여 첫째 이 사건 근로자가 복무규정 제11조 규정에 위반하여 업무종료 시간 이전에 임의로 퇴근하는 경우가 많았고, 외출이나 출장 시 출장명령부를 기재하거나 보고한 사실이 전혀 없는 점, 둘째 실무책임자의 직책은 1인만 담당하게 되어 있는 상황에서 이 사건 근로자의 2015년 4월 복직 이전에 이미 상무가 실무책임자를 담당하고 있어 이 사건 사용자가 이 사건 근로자에게 실무책임자의 직책을 부여하기 어려웠던 점, 셋째, 이 사건 사용자가 이 사건 근로자를 신협 사고예방 및 사고관리지침 제3조 상의 사고관련자에 해당하는 것으로 판단하여 현금출납 및 관련 업무에서 배제하고 특수채권회수 업무를 부여한 것이 인정되는 점, 넷째, 이 사건 근로자가 특수채권회수 업무의 수행을 거부하면서 그 실적 또한 보고하지 아니하였고 이 사건 사용자가 동 업무의 수행을 수차례 요구한 점, 다섯째, 이 사건 근로자가 실무책임자의 직책을 맡지 않는다 하더라도 여신 및 수신 업무를 수행할 수 있음에도 불구하고 여신 및 수신에 관한 업무성과를 보고한 사실이 전혀 없는 점, 여섯째, 이 사건 근로자가 이사장을 명예훼손죄로 고소한 사건이 검찰에서 무혐의 처리된 점, 일곱째, 이 사건 근로자가 직·간접적으로 제기한 수 차례(7회 또는 13회)의 민원 중 기각된 예도 다수 있고, 이 사건 근로자의 민원제기로 인하여 이 사건 사용자가 그에 대응하는 서면작성 및 출석 등을 하게 되어 업무에 상당한 지장을 초래한 사실이 인정되는 점 등을 종합하여 볼 때 이 사건 징계에 정당한 사유가 있다고 판정하였습니다.

또한 징계절차의 정당성 여부와 관련하여, 이 사건 사용자가 2016년 2월 이 사건 근로자에게 징계 예정내용을 사전통지하고, 같은 해 3월 정기이사회를 개최하였으며, 동 정기이사회에 이 사건 근로자가 서면으로 자신의 의견을 진술한 점 등에 비추어보면 이 사건 해고절차에 특별한 하자가 존재하지 않는다고 판단하였습니다.

다만 징계양정과 관련하여 첫째 이 사건 사용자가 이 사건 근로자의 행위가 신협 검사 및 제재규정 시행규칙 별표 제2호 징계양정일반규정 및 같은 규칙 제3호 징계양정세부규정의 어디에 해당되어 해고를 결정하였는지 징계양정과 관련된 구체적 내용을 밝히지 못하고 있는 점, 둘째 이 사건 근로자가 실무책임자의 직책 부여가 어려우면 지점장으로 발령해달라는 대안을 제시하였음에도 이 사건 사용자가 수락하지 않은 점, 셋째, 이 사건 근로자가 신협 사고예방 및 사고관리지침 제3조 상의 사고관련자에 해당되는지 여부에 관하여 객관적 판단이 없는 점, 넷째, 이 사건 근로자가 이 사건 사용자를 상대로 외부에 구제신청이나 민원을 제기한 결과 이 사건 근로자의 주장이 인정되어 구제받은 경우도 수차례 존재하는 점 등을 종합하여 보면, 비록 이 사건 근로자에 대하여 위에서 인정한 징계사유가 인정된다고 하더라도 신협 검사 및 제재규정 시행규칙 별표 제2호 징계양정의 일반규정상 징계면직에 해당한다고 판단하여 징계면직(해고) 결정한 것은 징계양정이 과다하여 사회통념상 현저하게 타당성을 잃은 처분에 해당한다고 판정하였습니다.

3. 사안의 검토

본 사안에서 언급되지 않은 A조합과 甲 사이에 진행된 다수의 복잡한 사실관계가 있었습니다. 노동위원회에서 징계양정이 과다하다고 판정한 것인데 징계처분 시 양정 관련 규칙 범위 내에서 징계 양정이 이루어져야 함을 다시금 확인시켜 준 사안이었습니다.

부록

...로자에게 교부하여...

25)

제18조(단시간근로자의 근로조건) ① 단시간근로자의 근로조건은 그 사업장의 같은 종류의 업무에 종사하는 통상 근로자의 근로시간을 기준으로 산정한 비율에 따라 결정되어야 한다.

② 제1항에 따라 근로조건을 결정할 때에 기준이 되는 사항이나 그 밖에 필요한 사항은 대통령령으로 정한다.

③ 4주 동안(4주 미만으로 근로하는 경우에는 그 기간)을 평균하여 1주 동안의 소정근로시간이 15시간 미만인 근로자에 대하여는 제55조와 제60조를 적용하지 아니한다. <개정 2008·3·21>

제19조(근로조건의 위반) ① 제17조에 따라 명시된 근로조건이 사실과 다를 경우에 근로자는 근로조건 위반을 이유로 손해의 배상을 청구할 수 있으며 즉시 근로계약을 해제할 수 있다.

② 제1항에 따라 근로자가 손해배상을 청구할 경우에는 노동위원회에 신청할 수 있으며, 근로계약이 해제되었을 경우에는 사용자는 취업을 목적으로 거주를 변경하는 근로자에게 귀향 여비를 지급하여야 한다.

제20조(위약 예정의 금지) 사용자는 근로계약 불이행에 대한 위약금 또는 손해배상액을 예정하는 계약을 체결하지 못한다.

제21조(전차금 상계의 금지) 사용자는 전차금(前借金)이나 그 밖에 근로할 것을 조건으로 하는 전대(前貸)채권과 임금을 상계하지...

제23조(해고 등의 제한) ① 사용자는...게 정당한 이유 없이 해고, 휴직, 정직, 감봉, 그 밖의 징벌(懲罰)...고등"이라 한다)을 하지 못한...

② 사용자는 근로자가 업무...병의 요양을 위하여 휴업한...30일 동안 또는 산전(産前)...여성이 이 법에 따라 휴업...30일 동안은 해고하지...가 제84조에 따라 일시...또는 사업을 계속할...그러하지 아니하다.

제24조(경영상 이유에 의한...) 사용자가 경영상...해고하려면 긴박한...한다. 이 경우 경...사업의 양도·인수...의 필요가 있는...

② 제1항의 경...기 위한 노력...공정한 해고의...대상자를 선...성은 이유로...

③ 사용자...위한 방법...사업 또는...직된 노...합(근로...없는 경...자를...

징계 관련 소송 절차

1. 민사소송

가. 징계대상자가 재직 임직원인 경우

① 신협중앙회로부터 징계조치요구를 받았으나 이사회 등 인사위원회 결의를 얻지 못한 경우

— 신협중앙회를 피고로 하여 소송을 제기하여 진행하여야 한다. 다만 소송 진행 중 이사회 등 인사위원회 결의가 진행된 경우 아래와 같이 소송이 전개된다.

② 신협중앙회로부터 징계조치요구를 받았고 이사회 등 인사위원회 결의를 받은 경우

a. 신협중앙회를 피고로 하는 경우

신협중앙회에 대한 판결이 확정되어도 조합에 대하여 기판력이 미치지 않아 조합의 징계결의가 남아있는 결과를 초래한다. 다만 신협중앙회는 징계 재심으로 다시 조합에 징계결의를 할 것을 요청하고 조합은 징계조치요구가 무효가 되면 이에 따른 조합에서의 징계의결도 효력이 없다고 볼 수 있다. 다만 이중징계의 문제가 발생할 여지도 있다. 입법론으로는 신협중앙회의 징계조치요구를 다투어 무효가 되면 이에 대해서도 조합의 징계조치의결도 무효화하는 조항을 통해 이를 명확하게 할 필요가 있다.

b. 조합을 피고로 하는 경우

대부분의 현재 소송의 형태로서 판결이 확정되면 조합에서의 징계결의는 효력이 없어진다. 다만 신협중앙회에서는 기판력이 없어 징계조치요구를 그대로 유지할 여지도 있으나 실무적으로는 신협중앙회는 제재에 대하여 재심을 하여 다시 징계수위를 결정한다. 신협중앙회가 판결의 결과를 불복하여 재심을 하지 않은 경우는 없으며 다시 재심을 하지 않을 경우 징계조치요구는 유지되나 이사회의 결의가 없는 경우로서 기판력에 의거 조합은 징계를 동일하게 할 수 없게 되는 이상한 결과가 초래되어 실무적으로 신협중앙회는 기판력이 미치지 않으나 불합리한 결과를 피하고자 재심을 할 수 밖에 없게 된다. 또한 다수의 소송에서 신협중앙회는 피고측의 보조참가자로 소송 참가를 하여 소송을 진행하여 참가적 효력이 미치므로 이러한 사정도 고려한 결과로 보여진다.

c. 신협중앙회 및 조합을 피고로 하는 경우

현재 신협중앙회 및 조합 모두를 피고로 한 경우는 거의 없었는데 그 이유는 조합을 피고로 하더리도 구제받는 데는 어려움이 없기 때문이라고 생각하기 때문인 것 같다. 기판력의 효력을 고려하면 신협중앙회와 조합을 모두 피고로 하는 것이 바람직하나 소송비용 부담 등의 요소를 고려하면 신협중앙회 또는 조합을 피고로 하더라도 실무상 구제를 받는 데는 어려움이 없어 보인다.

나. 징계대상자가 퇴직 임직원인 경우

신협중앙회로부터 통보를 받은 조합은 임직원에게 통보를 하나 조합에서 별도의 징계 의결절차를 거치는 것과 관련된 규정이 없어 신협중앙회의 징계조치요구에 대하여 다투는 것이 일반적이다(신협중앙회가 직접 퇴직 임직원에 대하여 조치요구를 할 수 있는지 여부에 관한 논의는 제외).

2. 노동위원회의 판정 후 행정소송

노동위원회에서는 신청인은 징계를 받은 자 중 근로자이며 전무 상무도 이에 포함될 수 있다. (다만 이사장은 근로자가 아니므로 민사소송으로 구제받아야 한다.) 피신청인은 조합이 사용자이어서 조합이 된다. 노동위원회 판정에 불복하면 행정소송을 진행하여 다투어야 한다. 징계당사자의 신청이 기각되면 이를 행정법원에 불복하여야 하는데 원고는 신청인이 되며 피고는 중앙노동위원회 위원장이 되며 조합이 피고측 보조참가가 된다. 반대로 징계당사자의 신청이 인용되면 중앙노동위원회에서 행정법원에 불복하여 피고는 징계당사자가 되며 조합은 원고측 보조참가인이 되어 재판이 진행된다. 행정법원은 노동위원회의 판정의 위법 부당한 부분을 심사하며 동일하게 징계무효확인소송과 유사한 판단의 작업을 거쳐 판결을 내리게 된다.

3. 형사소송

신협중앙회 및 조합은 징계대상자의 비위행위가 범죄행위에 해당된다고 판단되면 수사기관에 고소 또는 고발을 통해 처벌받도록 한다. 범죄구성요건 사실과 징계대상사유는 반드시 동일하지 않으나 상당 부분 사실 관계가 유사하므로 형사사건의 처분 결과가 징계 관련 민사 판결에서 징계 사유의 사실관계를 확인 판단함에 영향을 미친다.

4. 가처분

이사장 등 임원이 정직 이상의 징계처분을 받으면 차기 조합 이사장 등의 선거에 있어서 피선거권이 박탈되기에 이를 방지하고자 가처분을 신청하여 구제를 받을 수 있다. 실무적으로는 피신청인(채무자)를 신협중앙회로 하여 징계조치요구효력정지가처분을 신청하거나 조합을 상대로 징계결의효력정지가처분을 신청할 수도 있으며 양자를 병행하여 신청하기도 한다. 다만 신협중앙회 및 조합은 법원에서 징계조치요구효력정지가처분이나 징계결의효력정지가처분이 인용되면 임시로 징계조치의 효력이 정지되어 선거의 출마 자격을 얻는 것으로 인정한다. 법원은 가처분에 있어서 피보전권리는 징계사유 사실 관계 및 양정에 관한 규정 등을 근거로 판단을 하고 보전의 필요성은 선거를 실시하는 일자가 촉박한 점 등의 구제를 받을 급박한 사정 등을 고려하여 결정을 내린다.

신용협동조합임직원윤리행동지침

제1장 총 칙

제1조(목적) 임직원윤리행동지침(이하 "지침"이라 한다)은 신용협동조합임직원윤리강령(이하 "강령"이라 한다)에 의하여 신용협동조합(이하 "조합"이라 한다)의 임직원이 준수하여야 할 윤리적 가치 판단 및 행동의 기준을 정함을 목적으로 한다.

제2조(정의) 이 지침에서 사용하는 용어의 정의는 다음과 같다.

1. "업무관련자"라 함은 임직원의 소관업무와 관련되는 사람으로서 다음 각 호의 어느 하나에 해당하는 개인(임직원이 사인의 지위에 있는 경우에는 이를 개인으로 본다) 또는 단체를 말한다.

   가. 조합에 대하여 법률상 감독기관 종사자 또는 단체

   나. 조합에 대하여 민원사무를 신청 중에 있거나 신청하려는 것이 명백한 개인 또는 단체

   다. 조합의 고유업무 수행 및 특정한 행위 등으로 직접 이익(수혜) 또는 불이익을 받는 개인 또는 단체

   라. 조합과 계약을 체결하거나 체결하려는 것이 명백한 개인 또는 단체

   마. 기타 조합에 대하여 특정한 행위를 요구하거나 임직원의

직무상 권한의 행사 또는 불행사와 실질적인 이해관계를
가지는 개인 또는 단체

2. "업무관련임직원"이라 함은 임직원의 업무수행과 관련하여
직접 이익 또는 불이익을 받는 다른 임직원으로서 다음 각
호의 어느 하나에 해당하는 임직원을 말한다.

   가. 임직원의 소관업무와 관련된 상급자와 업무상 지휘명령
   을 받는 하급자

   나. 인사·감사·상벌·평가·예산·조직 등의 업무 담당 임직원

   다. 다른 임직원의 소관업무에 속하는 업무라도 자신의 영향
   력을 행사할 수 있는 임직원

   라. 조합의 사무를 위임·위탁한 경우 위임·위탁 사무를 관리
   감독하는 임직원과 동 사무를 담당하는 임직원

3. "금품 등"이란 다음 각 목의 어느 하나에 해당하는 것을 말한
다.

   가. 금전, 유가증권, 부동산, 물품, 숙박권, 회원권, 입장권,
   할인권, 초대권, 관람권, 부동산 등의 사용권 등 일체의
   재산적 이익

   나. 음식물·주류·골프 등의 접대·향응 또는 교통·숙박 등의
   편의 제공

   다. 채무 면제, 취업 제공, 이권(利權) 부여 등 그 밖의 유형·
   무형의 경제적 이익

제3조(적용대상) 이 지침은 조합에 속한 모든 임직원(비정규직 포
함)에 대하여 적용한다.

제4조(준수의무와 책임) ① 모든 임직원은 지침을 숙지하고 준수
하여야 하며 위반사항에 대하여는 그에 따른 책임을 진다.
②대표감사는 부패방지 및 깨끗한 조직문화 조성과 강령의 준
수를 담보하기 위하여 임직원에 대하여 청렴서약서 또는 윤리
행동지침준수서약서를 제출하게 할 수 있다.

제2장 공정한 업무수행

제5조(차별대우 금지) 임직원은 업무를 수행함에 있어 지연·혈연·
학연 등을 이유로 특정개인이나 단체를 우대하거나 차별하여
서는 아니 된다.

제6조(알선·청탁 등 금지) ① 임직원은 자기 또는 타인의 부당한
이익을 위하여 다른 임직원의 공정한 업무수행을 저해하는 알
선·청탁 등을 하여서는 아니 된다.

② 임직원은 업무수행과 관련하여 자기 또는 타인의 부당한 이
익을 위하여 업무관련자를 다른 업무관련자에게 소개하여서는
아니 된다.

제7조(인사·청탁 등 금지) ① 임직원은 자신의 임용·승진·전보 등
인사에 관하여 영향력을 행사하기 위하여 타인으로 하여금 인
사업무를 담당하는 자에게 청탁을 하게 하여서는 아니 된다.

② 임직원은 직위를 이용하여 다른 임직원의 임용·승진·전보 등
인사에 부당하게 개입하여서는 아니 된다.

제8조(이해관계직무의 회피) 임직원은 자신이 수행하는 업무가 본

인·배우자·직계존비속 및 4촌 이내의 친족의 이해와 관련되는 경우에는 당해 업무에 대한 참여 및 의사결정을 회피하여야 한다.

제9조(예산의 목적 외 사용금지) 임직원은 여비·업무추진비 등 업무수행을 위한 예산을 목적 외의 용도로 사용함으로써 조합에 대하여 재산상 손해를 가하여서는 아니 된다.

제10조(공정한 업무수행을 저해하는 지시 등에 대한 처리) ① 임직원은 하급자에게 법령이나 규정에 위반하여 자기 또는 제3자의 이익을 도모하기 위하여 공정한 업무수행을 현저히 저해하는 지시를 하여서는 아니 된다.

② 제1항의 경우 공정한 업무수행을 현저히 저해하는 지시를 받은 하급자는 그 사유를 당해 상급자에게 소명하고 지시에 따르지 아니할 수 있다.

③ 제2항의 규정에 의한 지시의 불이행에도 불구하고 같은 지시가 계속될 경우에는 즉시 대표감사에게 상담하여야 한다.

④ 제3항의 규정에 의한 상담을 받은 대표감사는 지시의 내용을 확인하여 지시의 취소나 변경이 필요하다고 인정되는 경우에는 이를 이사장 또는 검사감독이사에게 보고하여야 한다.

⑤ 제3항 또는 제4항의 규정에 의한 보고를 받은 이사장 또는 검사감독이사는 필요하다고 인정되는 경우에는 지시의 취소, 변경 등을 위한 적절한 조치를 하여야 한다.

⑥ 임직원은 제1, 2항에 따른 지시불이행을 이유로 어떠한 차별이나 불이익을 받지 아니 한다.

제3장 이해상충행위 금지

제11조(이해상충행위금지) 임직원은 조합과 개인 또는 부서간의 이해가 상충될 경우에는 조합의 이익을 우선적으로 고려하여야 하며, 조합원 또는 중앙회와 이해상충의 관계에 있거나 이해상충이 야기될 수 있는 상황에서 업무를 수행하여야 할 경우에는 대표감사와 협의하도록 하여야 한다.

제4장 부당이득의 수수금지

제12조(이권개입 등 금지) ①임직원은 직위를 이용하여 부당한 이익을 얻거나 타인이 부당한 이익을 얻도록 하여서는 아니 된다. ② 임직원은 자기 또는 타인의 부당한 이익을 위하여 조합의 명칭 또는 자신의 직위를 이용하거나 타인으로 하여금 이용하게 하여서는 아니 된다.

제13조(재산의 사적사용·수익 금지) 임직원은 업무용 차량, 각종 사업용 또는 사무용으로 제공되는 물품, 기타 동산, 부동산 등 조합 소유재산을 정당한 사유 없이 사적인 용도로 사용·수익 하여서는 아니 된다.

제14조(업무관련 정보를 이용한 거래 등의 제한) 임직원은 업무수행과 관련하여 알게 된 미공개 정보를 이용하여 주식 등 유가증권·부동산 등과 관련된 재산상 거래 또는 투자를 하거나 타인에게 그러한 정보를 제공하여 재산상 거래 또는 투자를 돕는

행위를 하여서는 아니 된다.

제15조(금품 등의 수수제한) ① 임직원은 업무관련자로부터 금품 등을 받아서는 아니 된다. 다만, 다음 각 호의 어느 하나에 해당하는 경우에는 그러하지 아니한다.

1. 채무의 이행 등 정당한 권원에 의하여 제공되는 금품 등

2. 업무수행상 부득이한 경우에 한하여 제공되는 간소한 식사 또는 교통·통신 등의 편의

3. 업무와 관련된 공식적인 행사에서 주최자가 참석자에게 일률적으로 제공하는 교통·숙박 또는 음식물

4. 불특정 다수인에게 배포하기 위한 기념품 또는 홍보용 물품

5. 질병, 재난 등으로 인하여 어려운 처지에 있는 임직원을 돕기 위하여 공개적으로 제공되는 금품 등

6. 그 밖에 원활한 업무수행 등을 위하여 대표감사가 허용하는 범위 안에서 제공되는 금품 등

② 임직원은 업무관련임직원으로부터 금품 등을 받아서는 아니 된다. 다만, 다음 각 호의 어느 하나에 해당하는 경우에는 그러하지 아니하다.

1. 제1항 가 호에 해당하는 경우.

2. 5만원을 초과하지 아니하는 범위 안에서 제공되는 간소한 선물(농수산물 및 그 가공품의 경우에는 10만원으로 함)

3. 직원상조회 등에서 공개적으로 제공되는 금품 등

4. 상급자가 하급자에게 위로·격려·포상 등 사기앙양을 목적으로 제공하는 금품 등

③ 임직원은 업무관련자이었던 자 또는 업무관련임직원이었던

자로부터 그 당시의 업무와 관련하여 금품 등을 받아서는 아니
된다. 다만, 제1항 및 제2항 각 호의 경우에는 그러하지 아니하
다.

제16조(배우자 등의 금품수수 등 제한) 임직원은 배우자 또는 직계
존·비속이 제15조의 규정에 의하여 수령이 금지되는 금품 등을
받지 아니하도록 하여야 한다.

제17조(사적 금전대차 등 금지) ① 임직원은 업무관련자(4촌 이내
의 친족을 제외한다. 이하 이 조에서 같다)로 부터 금전을 빌리
거나 빌려주어서는 아니 되며, 부동산을 무상(대여의 대가가 시
장가격 또는 거래의 관행과 비교하여 현저히 낮은 경우를 포함
한다. 이하 이 조에서 같다)으로 대여 받아서는 아니 된다. 다
만, 금융실명거래및비밀보장에관한법률 제2조 제1호의 규정에
의한 금융기관으로부터 통상적인 조건으로 금전을 차용하는 경
우에는 그러하지 아니하다.

② 제1항 본문의 규정에 불구하고 부득이한 사정으로 업무관련
자로부터 금전을 빌리거나 빌려주는 경우 또는 부동산을 무상
으로 대여 받고자 하는 경우에는 대표감사에게 신고하여야 한
다.

제18조(청렴한 계약의 체결 및 이행) 임직원은 조합에서 시행하는
모든 공사·용역·물품구매의 입찰·계약 및 계약이행에 있어서
거래상 우월적인 지위를 이용하여 금지된 금품 등을 요구하거
나 불공정한 거래조건 강요, 경영간섭 등 부당한 행위를 하여
서는 아니 된다.

제5장 건전한 조직 문화의 조성

제19조(임직원간 금전거래 등 금지) 임직원은 금전거래 및 보증 등의 행위를 하여서는 아니 된다. 다만, 10만 원 이하의 금전거래의 경우에는 그러하지 아니한다.

제20조(외부강의 등의 신고) 임직원은 자신의 업무수행과 관련이 없는 교육·홍보·토론회·세미나·공청회 또는 그 밖의 회의 등에서 강의·강연·기고 등(이하 "외부강의 등"이라 한다.)을 하고자 할 경우에는 대표감사에게 미리 서면으로 신고하여야 한다.

제21조(건전한 경조사 문화의 정착) ① 임직원은 업무관련자 또는 업무관련임직원에게 경조사를 통지하여서는 아니 된다. 다만, 다음 각 호의 어느 하나에 해당하는 경우에는 그러하지 아니하다.

1. 친족에 대한 통지

2. 현재 근무하고 있거나 과거 근무하였던 사무소의 임직원에 대한 통지

3. 신문, 방송, 그룹웨어(경조사)를 통한 불특정 다수인에 대한 통지

   단, 그룹웨어(경조사)에 게시 대상은 다음의 경우에 한한다.

   • 결혼 : 본인, 자녀

   • 사망 : 본인, 배우자, 자녀, 본인 또는 배우자의 부모, 본인의 조부모

② 임직원은 경조사와 관련하여 10만원을 초과하는 경조금품을 주거나 받아서는 아니 된다. 다만, 다음 각 호의 어느 하나에 해당하는 경우에는 그러하지 아니 하다.

1. 친족간에 주고받는 경조사 관련 금품 등

2. 임직원 자신이 소속된 종교단체·친목단체 능에서 그 단체 등
   의 정관·회칙 등이 정하는 바에 따라 제공되는 경조사 관련
   금품 등

3. 조합(이사장) 및 간부직원(실무책임자) 명의로 지급되는 경
   조사 관련 금품 등

제22조(사행성 행위의 제한) 임직원은 사회통념을 벗어난 도박·내
기골프 등과 같은 사행성 행위를 하여서는 아니 된다.

제23조(사적용무 금지) 임직원은 근무시간 내 다음 각 호의 어느
하나에 해당하는 행위를 하여서는 아니 된다.

1. 사적인 용무로 인하여 업무수행에 지장을 주는 행위

2. 주식매매행위

3. 온라인 게임, 도박, 음란사이트 접속 등 업무와 관련 없는 부
   적절한 행위

제24조(사조직 결성 등의 금지) 임직원은 조직 내에서 위화감을
야기하는 파벌을 형성하거나 사조직 등을 결성하여서는 아니
된다.

제25조(성희롱 금지) 임직원은 상대방 의사에 반하여 성적 유혹
또는 성적 수치심을 유발시키는 다음 각 호의 어느 하나에 해
당하는 행위를 하여서는 아니 된다.

1. 특정 신체부위를 만지거나 접촉하는 행위

2. 음란한 농담을 하거나 음탕하고 상스러운 이야기를 하는 행
   위(전화통화 포함)

3. 상대방의 외모에 대해 성적인 비유나 평가를 하는 행위

4. 음란한 사진이나 그림 등을 게시하거나 보여 주는 행위

5. 회식자리 등에서 술시중이나 춤을 강요하는 행위

6. 성적인 사실관계를 묻거나 성적인 내용의 정보를 의도적으로 퍼뜨리는 행위

7. 성과 관련된 자신의 특정 신체 부위를 고의적으로 노출하거나 만지는 행위

8. 성적인 관계를 강요하거나 회유하는 행위

9. 기타 사회통념상 성적 수치심을 유발하는 행위

제6장 위반시의 조치

제26조(위반여부에 대한 상담) ① 임직원은 업무를 수행함에 있어서 강령이나 지침의 위반여부가 분명하지 아니한 경우에는 대표감사와 상담한 후 처리하여야 한다.

②대표감사는 상담내용을 기록·관리하여야 한다.

제27조(위반행위의 신고와 처리) ① 누구든지 임직원이 강령 및 지침을 위반한 사실을 일게 된 때에는 대표감사에게 신고할 수 있다.

② 제1항의 규정에 따라 신고하는 자는 본인 및 위반자의 인적사항과 위반내용을 적시하여야 한다.

③ 대표감사는 제1항의 규정에 의하여 신고된 위반행위를 확인한 후 당해 임직원으로부터 제출받은 소명자료를 첨부하여 검사감독이사에게 보고하여야 한다.

④ 대표감사는 신고내용 및 그 처리결과를 기록·관리하여야

한다.

제28조(징계) ① 이사장은 지침에 저촉된 행위를 한 임직원에 대하여는 징계 등 필요한 조치를 취할 수 있다.

② 제1항의 규정에 의한 징계의 종류, 절차, 효력 등은 신용협동조합검사및제재에관한규정시행규칙 등이 정하는 바에 따른다. 다만, 제29조의 규정에 위반하여 신고인에게 불이익 등을 가한 경우에는 이를 가중할 수 있다.

제29조(신고인의 신분보장) ① 대표감사는 신고인과 신고 내용에 대하여 비밀을 보장하여야 하며, 신고인이 신고에 따른 어떠한 차별이나 불이익을 받지 아니하도록 하여야 한다.

② 제1항의 규정에도 불구하고 차별이나 불이익을 받은 신고인은 대표감사에게 보호조치 및 불이익의 구제 등을 요청할 수 있으며, 이 경우 대표감사는 그에 필요한 적절한 조치를 취하여야 한다.

③ 제1항 내지 제2항의 규정은 제10조의 규정에 의한 공정한 업무수행을 저해하는 지시거부 등 지침에 의한 상담 등의 경우에도 준용한다.

제30조(금지된 금품 등의 처리) ① 이 지침에 위반되는 금품 등을 수수한 임직원은 제공자에게 그 기준을 초과한 부분 또는 수수가 금지된 금품 등을 즉시 반환하여야 한다. 이 경우 당해 임직원은 증빙자료를 첨부하여 반환 비용을 이사장에게 청구할 수 있다.

② 부패나 변질 등의 우려가 있거나 그 제공자나 제공자의 주소를 알 수 없어 반환하는 것이 어려운 경우에는 즉시 대표감사에

게 보고하여야 한다.

③ 제2항에 의한 보고를 받은 대표감사는 금지된 금품 등을 폐기 또는 사회복지시설 등에 기부하거나 따로 정한 절차에 따라 처리하여야 한다.

④ 대표감사는 제3항의 규정에 의하여 처리한 금품 등에 대하여 제공자 및 제공받는 자, 제공받은 금품, 제공일시, 처리결과 등을 정확하게 기록 관리하여야 하고, 제공자에게 이와 관련한 사실을 통보하여야 한다. 다만 제공자의 정확한 주소를 알 수 없는 경우에는 통보하지 아니할 수 있다.

제7장 보 칙

제31조(교육) ① 대표감사는 임직원에 대하여 부패방지와 강령 및 지침의 준수를 위한 교육계획을 수립·시행하여야 한다.

② 제1항에 의한 교육은 매년 1회 이상 실시하되 신규직원에 대해서는 신규 임용시 교육을 실시하여야 한다. 단, 매년 실시하는 교육은 인터넷 강의 등으로 대시할 수 있다.

제32조(대표감사의 업무) ①대표감사는 다음 각 호의 업무를 수행한다.

1. 강령 및 지침의 교육·상담에 관한 사항

2. 강령 및 지침의 준수여부 점검 및 평가

3. 강령 및 지침의 위반행위 신고·접수·처리 및 신고인 보호에 관한 사항

4. 기타 강령 및 지침의 운영을 위하여 필요한 사항

② 대표감사는 제1항의 업무를 수행함에 있어서 알게 된 사실을 누설하여서는 아니 된다.

제33조(준수여부 점검) ① 대표감사는 소속임직원의 강령 및 지침의 이행실태 및 준수여부 등을 매 반기 1회 이상 정기 점검하여야 한다.

② 대표감사는 전항의 정기점검이외에도 필요한 경우 수시 점검을 실시할 수 있다.

부　칙〈2007.2.26. 제정〉

제1조(시행일) 이 지침은 2007. 2. 26. 부터 시행한다.

제2조(경과조치) ① 시행일 이전에 발생한 강령 및 지침 위반사항에 대해서는 책임을 묻지 않는다.

② 임직원의 금전거래 및 보증행위는 이 지침 시행일 이후 거래부터 금지한다.

부　칙〈2018.6.18.개정〉

(시행일) 이 지침은 2018년 6월 18일부터 시행한다.

별지 제1호서식 : 윤리행동지침준수서약서

별지 제2호서식 : 상담기록관리부

별지 제3호서식 : 위반행위 신고서

별지 제4호서식 : 소명서

별지 제5호서식 : 외부강의 등 신고서

별지 제6호서식 : 금전대차 등(부동산대여) 신고서

별지 제7호서식 : 금품 등 반환비용 청구서

별지 제8호서식 : 금품 등 접수·처리 대장

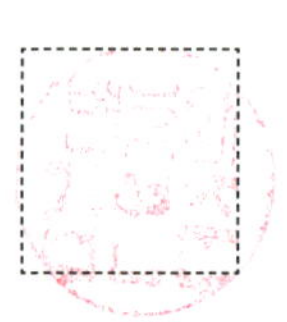

신용협동조합 징계 소송 – 사례를 중심으로 –

■

발행 2019년 2월 28일

■

지은이 김연준
펴낸이 이순옥
펴낸곳 도서출판 문화의힘
　　　 대전 동구 대전천북로 30-2(삼성동)
　　　 등록 제364-117호
　　　 전화 042-633-6537
　　　 전송 0505-489-6537

■

ISBN 979-11-87429-42-5 93360

■

값 15,000원